NOTRE-DAME DE BROU

LÉON MALO

NOTRE-DAME DE BROU

ÉTUDE SUR LA DÉCADENCE DE L'ART OGIVAL.

BORDEAUX

IMPRIMÉ CHEZ G. GOUNOUILHOU, PLACE PUY-PAULIN, 1.

—

1860

TABLE DES MATIÈRES.

NOTRE-DAME DE BROU

ÉTUDE SUR LA DÉCADENCE DE L'ART OGIVAL

I

A l'extrémité de la ville de Bourg-en-Bresse, quand on suit la route qui mène en Savoie, on rencontre sur la gauche une église isolée et silencieuse : c'est Notre-Dame-de-Brou.

Notre-Dame-de-Brou, c'est-à-dire le chant du cygne de l'art ogival, la suprême protestation de l'architecture religieuse contre la résurrection de l'architecture païenne, le dernier poëme de pierre.

Et quel poëme! Ce n'est ni la cathédrale de Paris, sombre et mystérieuse comme une vieille chronique; ni la gigantesque épopée du dôme de Milan, où depuis six cents ans chaque siècle écrit en passant une page immortelle; ni la

Sainte-Chapelle, cantique lancé vers le ciel et fixé dans l'espace par quelque miracle; ni Saint-Germain-des-Prés, naïf comme la foi qui l'a dicté; ni Reims, ni Chartres, ni Bourges, ni aucun de ces grands ouvrages anonymes, travail collectif de dix générations, que le moyen âge a laissés sur son passage emportant dans l'oubli les noms de leurs auteurs et les causes de leur création. Notre-Dame-de-Brou, œuvre à la fois immense et gracieuse, ardente de piété et folle de désolation, porte écrit au front son titre; elle révèle dès la première ligne son sens et son origine, et nul en admirant ses merveilles de ciselures, ses emblêmes profanes prodigieusement suspendus aux clés des voûtes, ses chiffres amoureusement entrelacés le long des moulures et des arceaux, ses devises plaintives brodées à toutes les nervures, nul ne doutera que ce poëme soit celui d'une femme; que, sous la pensée religieuse, se cache une passion humaine, sous la prière une douleur sans remède.

Notre-Dame-de-Brou est de ces joyaux qui suffisent à la parure d'une province. Sans compter sa valeur historique ni les touchants souvenirs dont elle est empreinte, elle a des richesses architecturales et ornementales uniques au monde; et cependant, n'étaient quelques pieux indigènes, quelques militaires désœuvrés, quelques artistes intrépides, quelques poètes forcenés, le *cicerone* du lieu, le plus ennuyeux des *cicerones*, y jouirait seul de splendeurs dignes d'une éternelle et universelle contemplation.

Quel pouvait être l'empressement des visiteurs lorsque le chemin de fer de Mâcon à Genève n'avait pas encore supplanté la route? C'est ce qu'on ne saurait guère deviner maintenant. Aujourd'hui, la solitude s'est faite sur la route et dans l'église ; le voyageur, en apercevant, des portières d'un wagon, s'enfuir à travers champs le pignon dentelé et la tour fleuronnée de Brou, interroge son *Guide ;* si le *Guide* en sait quelque chose, il répond que celle-là est cette même église de Brou que tout le monde connaît et que personne n'a vue. Le voyageur saisit au vol la silhouette qui s'efface, complète ses notions par les deux pages que tout *Guide* doit à un monument célébré par Mérimée et Victor Hugo, et proclame qu'il a vu Notre-Dame-de-Brou. Ce voyageur est ordinairement en chemin pour l'Oberland ou la Jungfrau ; il va se rassasier des chefs-d'œuvre de la nature, et *Brou* n'est pas un nom qu'on puisse graver sur une canne de touriste.

Depuis longues années Brou était un de nos désirs ; nous savions, comme tout le monde, qu'il existait quelque part, au fond de la Bresse, un incomparable monument tombeau des princes de Savoie, et dont l'histoire frisait la légende; nous avions été bercé du récit des choses admirables qu'on y voyait, et il nous en était resté comme le souvenir d'un de ces rêves éclatants, pleins de dorures et d'éblouissements que souvent l'enfant lègue à l'homme. Plus d'une fois nous avions conçu le projet de donner un corps aux formes indécises éparses dans notre esprit et de nous assurer par nos yeux s'il pouvait y avoir une réalité qui valût notre rêve; mais un voyage en Bresse, il y a peu de temps encore, était réellement une entreprise à méditer; on n'y pénétrait qu'au moyen de ces odieuses diligences de quatrième ordre où l'on n'entrait qu'en tremblant et d'où l'on ne sortait que meurtri et défiguré. Et puis, la Bresse ne jouissait pas, en deçà de la Saône, d'une considération bien établie; rien n'était moins rassurant que sa réputation; un pays d'étangs et de tourbières qui ne faisaient de vous qu'une bouchée; un sol insalubre dont l'assainissement avait causé trente brochures et préoccupé les Chambres; il y avait à réfléchir. Pour bien des gens, le département de l'Ain était un membre infecté de contagion et bon à mettre en quarantaine perpétuelle. De bruyants projets de desséchement, de sinistres tables de mortalité maintenaient sur

ses frontières une sorte de cordon sanitaire, que
tout homme bien portant devait hésiter à franchir. Notre-Dame-de-Brou, au milieu de ces
précipices et de ces calamités, semblait un autre
jardin des Hespérides auquel la peste servait de
dragon.

Une cause imprévue nous conduisit dans ce
département paria, et notre étonnement n'eut
pas de limite lorsque nous parcourûmes le pays
qu'on nous avait fait si noir. Nous étions tout
prêt à déplorer le sort des malheureux que leur
fâcheuse étoile avait poussés sur cette terre ingrate; nous avions pris d'avance l'air lugubre
qui sied au milieu de populations désolées par
la misère et la maladie : dès les premiers pas,
nous en étions pour nos frais de condoléances;
jamais nous n'avions vu de plus riches plaines,
de prairies plus vertes, de blé plus haut, d'habitants plus gras, de paysannes plus fraîches;
nous cherchions de l'œil au moins une figure
pâle et défaite, une démarche pénible et chancelante, et nous ne rencontrions que de solides
gaillards au teint robuste, aux larges épaules, et
chez qui la fièvre eût été la malvenue assurément. Nous voulûmes aller plus loin; la fièvre,
pensâmes-nous, ne court point les champs, elle
est au logis entre deux draps monotones et
tristes ou au coin d'un feu mélancolique; nous

fréquentâmes quelques intérieurs, nous interrogeâmes de côté et d'autre, nous demandâmes à tout le monde si quelqu'un avait vu la fièvre : personne ne put nous donner de ses nouvelles.

Enchanté de notre erreur, nous cherchâmes à l'expliquer ; nous voulions savoir d'où provenait une mauvaise renommée dont nous venions de découvrir si clairement l'innocence ; nous visitâmes les fameux étangs, et nous n'en vîmes sortir que d'excellent poisson, dont nous ne mourûmes point ; nous reconnûmes le vin pour fort estimable, et nous pûmes nous convaincre qu'il se gardait d'empoisonner les gens ; nous constatâmes que les célèbres volailles n'étaient pas un mythe ; enfin, nous nous faisons un devoir de déclarer, à qui il appartiendra, que le département de l'Ain est le plus calomnié des départements.

Nous ne parlons point des trésors de pittoresque dont la nature l'a comblé et que le voyageur s'empresse de traverser pour aller demander aux Alpes tout ce qu'il laisse derrière lui. A côté des plaines opulentes de la Bresse, s'étend le grandiose paysage de Bugey ; les joies de l'artiste coudoient celles de l'agronome. Ici, la savante culture, les irrigations ingénieuses, les fermes modèles, tout ce que la science moderne enseigne pour exploiter la terre ; là, les rochers gigantesques teintés par le soleil, les cascades fumeuses, les bois de sapins verts, les vieilles tours féodales tout habillées de lierre, les sentiers accrochés au flanc des montagnes, les horizons bleus, la Suisse, moins les Anglais.

Mais ce qui efface toutes ces magnificences, c'est Notre-Dame-de-Brou.

La première fois que nous mîmes les pieds à Bourg, notre unique soin, est-il besoin de le dire, fut d'abord de nous enquérir du faubourg Saint-Nicolas. Notre impatience était grande; nous pressentions que l'art allait se révéler à nous sous une face inconnue; nous marchions comme vers un événement. Lorsque nous pénétrâmes dans l'église, une émotion nous saisit, que nous essaierions vainement d'analyser; elle est restée en nous, mélange d'étonnement, d'admiration et d'attendrissement : nous venions d'apercevoir, dans sa dernière et sa plus ineffable incarnation, l'architecture créée par le Moyen Age et ensevelie sous la Renaissance. Ce que nous avions sous les yeux appartenait à ce moment solennel de la vie d'un grand art où, par un suprême effort d'agonisant, il se soulève sur son lit de mort et jette tout ce qui lui reste de force et de génie dans une œuvre qui dépasse toutes ses œuvres.

Nous avons usé de longs et précieux moments

à nous repaître de ce spectacle, et nous comptons parmi les mieux employées les heures que nous y avons dépensées. Jamais il ne nous avait été donné de mieux étudier cette période de l'architecture religieuse, où l'art ogival, harcelé par la grande hérésie italienne, crut échapper à sa perte en se livrant aux excentricités du style *Flamboyant*. Malgré le tribut que l'architecture gothique dut payer au mauvais goût pour reculer de quelques instants l'heure de sa chute, elle s'éleva dans la construction de Brou à une telle hauteur, qu'elle n'eut plus ensuite qu'à descendre. Elle ne descendit pas, elle tomba, comme il convenait au géant qu'elle avait été pendant trois siècles, foudroyée !

C'est en songeant à cette décadence si soudaine et si déplorable, que nous parcourions ce théâtre d'un dernier triomphe ; cependant, les attraits de l'art pur ne nous séduisaient pas seuls, nous nous sentions fixé sur les dalles par une force indéfinissable ; quelque grande et sentimentale mémoire vivait dans les murs qui nous entouraient, vibrait dans l'air que nous respirions. Il était facile de reconnaître à certains signes, visibles seulement à l'âme, que la piété des fidèles n'avait pas élevé ce temple, découpé cette pierre, brodé ces chiffres. C'était trop de richesse pour que l'obole d'un peuple eût pu la payer; trop de tristesse, trop de grâce, trop de sensualité pour qu'un amour de femme, violent et déçu, n'eût point passé par là.

Nous suivions de l'œil le détail infini des ornements qui couvrent la muraille d'un triple tissu de bois, de marbre et de pierre, lorsqu'une inscription, détachée à jour sur une moulure du chœur, arrêta nos pas. Quoique une main sacrilége eût défiguré plusieurs des lettres dont se compose cette devise, il est facile d'y déchiffrer ces mots :

FORTVNE. INFORTVNE. FORT.VNE.

La pensée, dérobée sous ce déguisement de jeu de mots, nous frappa; le sens de l'édifice était là. Ainsi, une femme avait fait cela; une femme noble et puissante, car fonder une église n'était point une affaire de vilain; riche et souveraine, car on y avait englouti le revenu d'un royaume; passionnée, enfin, car parmi les mille chefs-d'œuvre de ciselure qui tapissent les parois, celui que la main des sculpteurs avait fouillé avec prédilection, c'était un chiffre de deux initiales, un P et un M tendrement unis par un lac d'amour.

Cette femme, c'était pourtant un des plus habiles politiques du XVIe siècle, c'était celle qui, par deux fois, avait tenu dans sa main le sort et l'honneur de la France, c'était Marguerite d'Autriche !

Il est rare que la vie publique d'un personnage de la taille de Marguerite d'Autriche ne soit pas doublée d'une vie privée égale d'intérêt, supérieure quelquefois. Nul ne pourra voir les magnificences de Brou, nul ne lira l'histoire du traité de Cambrai sans désirer vivement regarder dans les coulisses de cette brillante existence, voir quel malheur recouvrent cette grandeur et cette majesté. Nous ne sommes pas le premier à qui cette INFORTVNE ait donné à penser. De savants travaux ont déjà mis au jour tous les secrets d'un intérieur qui perdait tant à rester dans l'ombre. Un éminent archéologue, M. Jules Baux, archiviste du département de l'Ain, a écrit sur la monographie de Brou un livre après lequel tout est dit. Un autre écrivain de talent et de persévérance, M. le comte de Quinsonas, va publier, au sujet de Marguerite d'Autriche, la plus complète collection de documents qu'on ait jamais réunis sur une seule tête. Si nous en jugeons par les pages qu'il a bien voulu nous permettre de feuilleter, ce sera toute une révélation sur les mœurs et la couleur de l'époque. D'autres encore, historiens ou poètes, ont agité leur plume à propos du monument de Brou. L'étude qu'on va lire n'est ni un poëme ni une histoire · c'est la série sans ordre des réflexions venues à l'esprit d'un voyageur en présence des beautés de l'église de Brou. S'il a cru pouvoir les fixer sur le papier, c'est qu'il a pensé obliger son prochain en lui montrant la route qui mène à l'un des plus admirables produits du génie humain. Pour ses amis, et pour beaucoup de ceux à qui ces pages passeront sous les yeux, le voyageur dont nous parlons a découvert l'église de Brou : il ne se croit pas plus le droit de taire sa découverte, qu'il n'eût accordé à Christophe Colomb celui de dissimuler l'Amérique.

C'est pourquoi il a écrit ce qui suit.

II.

Le duc Philibert II de Savoie, seigneur de
Bresse, noté dans l'histoire pour avoir suivi
Charles VIII à la malencontreuse expédition de
Naples et pour s'être distingué dans l'exercice de
toutes les vertus publiques et privées, fut cause
très-involontaire que nous possédons Notre-Dame
de Brou.

Il était marié à Marguerite de Bourbon. Un
jour, étant en chasse près de Pont-d'Ain, il
tomba de cheval et se cassa un bras. La duchesse éplorée s'adressa au Ciel et lui promit, en
échange de la guérison de son mari, de fonder à
Brou, faubourg de Bourg en Bresse, un monastère et une église. Philippe guérit, mais Marguerite mourut sans avoir pu accomplir sa pro-
messe; elle en légua l'exécution à son époux.
Philippe, la première affliction calmée, se mit

en état de faire honneur à cet héritage , sans trop se presser pourtant, car lorsqu'il mourut lui-même à Chambéry, en 1497, quatorze ans après sa femme, il n'avait encore fait, en faveur de la future église, qu'un testament dans lequel il ordonnait qu'on y établît la sépulture de sa famille.

Philibert-le-Beau , fils aîné de Philippe, se trouva ainsi chargé de mettre en œuvre le vœu de Marguerite de Bourbon sa mère.

Philibert-le-Beau, qui a joué un si grand rôle dans la fondation de Brou, était, comme son surnom en fait foi, l'un des plus accomplis cavaliers de son temps ; il avait vécu à la cour de France ; sa seconde enfance et sa première jeunesse s'étaient passées dans les fêtes, les tournois et les folles campagnes qui forment à peu près le bilan du règne de Charles VIII ; c'est là qu'il prit l'humeur guerroyeuse, la franchise, la libéralité, toutes qualités que, malgré son étourderie et son incapacité, on ne peut refuser au *petit roi*. A quatorze ans, il fit aux côtés de son père la guerre de Naples ; il y apprit rudement le courage ; il assista à la bataille de Fornovo qui n'en fut pas la pire leçon. Lorsqu'il revint, âgé de dix-sept ans, prendre le gouvernement de son duché de Savoie, sa fougue impétueuse, son caractère belliqueux, furent singulièrement bridés : il ne s'agissait plus de batailler, mais de régner, et ce talent n'était pas celui où brillait le beau Philibert; il était le plus excellent des princes, mais le plus détestable des administrateurs ; il laissa donc un peu son duché entre les mains de ses conseillers, et se contenta de faire le bonheur de ses sujets par sa bravoure, sa bonté et ses incomparables aptitudes pour la chasse. Son peuple l'adorait, parce qu'il était juste et de facile accès, et qu'il rendait souvent en largesses ce qu'il prenait en impôts.

Philibert II est une des plus sympathiques figures de cette grande et féconde maison de Savoie dont l'alliance a si souvent défrayé les unions souveraines; elle apparaît calme et douce dans un coin de ce tumultueux XVᵉ siècle, comme pour en tempérer les tons violents et heurtés; on aime à découvrir à travers cette époque de sang un petit peuple tranquille, un prince aimé, alors que la moitié de l'Europe égorgeait l'autre. Dans les traditions populaires, le beau duc est aussi resté le *bon* duc, et s'il s'échauffa un jour à exterminer les prosélytes Vaudois, c'est qu'il vivait dans un temps où le plus charitable des hommes pensait faire œuvre pie en brûlant les hérétiques.

Après un premier mariage qui le laissa veuf promptement, Philibert-le-Beau épousa Marguerite d'Autriche.

Marguerite d'Autriche était fille de Maximilien Ier, empereur d'Allemagne, et petite-fille, par sa mère, de Charles-le-Téméraire ; au moment où elle s'unit au beau prince de Savoie, elle avait déjà dans sa vie tout un roman d'aventures et d'infortunes ; son existence se lie si étroitement à celle de l'église de Brou, que nous ne saurions l'en détacher sans laisser une lacune dans cette étude.

Marguerite avait deux ans quand elle fut fiancée à Charles VIII, alors dauphin, qui en avait douze ; elle était l'appoint du traité d'Arras qui terminait la lutte entre Louis XI et les Pays-Bas. En 1482, elle fut amenée en France et remise aux soins de la célèbre dame de Beaujeu, fille aînée et préférée du roi, chargée de la préparer à son métier de reine ; nous la perdons de vue pendant neuf ans.

En 1491 elle reparaît. Bien des événements ont occupé ces neuf années. Louis XI est mort sans avoir pu réunir à la France le puissant duché de Bretagne ; ce fleuron manquant à sa couronne avait été le tourment de sa vie politique. La Bretagne était en ce temps-là gouvernée par une femme ; cette femme était jeune, belle et forte ; on ne devait pas songer à la violence ; un mariage seul pouvait arranger l'affaire ; l'occasion s'offrait pleine de tentations ; on la saisit.

Ni Anne de Bretagne ni Charles VIII n'étaient libres : l'une avait été mariée secrètement à Maximilien; l'autre, fiancé à Marguerite d'Autriche ; mais la gravité des motifs élargissait les consciences; on s'accommoda avec la cour de Rome; Anne oublia Maximilien, et Charles répudia Marguerite. Le mariage de la France et de la Bretagne se célébra solennellement au château de Langeais en Touraine, comme si c'eût été la chose la plus naturelle du monde.

Marguerite, âgée de onze ans, fut renvoyée à son père; elle partit dévorant son injure. Maximilien, tout meurtri de la sienne, exhala bruyamment sa colère par toute l'Europe ; il bouleversa l'Allemagne et l'Italie pour recruter des ennemis à la France : il n'y réussit que trop.

Six ans après, Marguerite d'Autriche épousait Jean de Castille, infant d'Espagne, fils du roi d'Aragon. Elle s'embarqua à Flessingue ; à peine en mer, elle fut accueillie par une si épouvantable tempête, qu'elle crut ses malheurs finis. On prétend qu'en cet instant critique, elle eut la gaîté de composer elle-même son épitaphe. Si quelque chroniqueur trop abondant n'a pas mis ces vers de son crû sous la plume *in extremis* de la charmante princesse, ils sont un curieux témoignage de la fermeté de son caractère et de la précocité de son esprit.

Voici ce distique :

Ci git Margot la gentil damoiselle
Qu'eut deux marys et cy mourut pucelle.

La tempête attendrie se calma ; Marguerite arriva saine et sauve à Burgos, où le mariage se fit au milieu d'acclamations et de réjouissances sans pareilles. Six mois ensuite elle était veuve.

C'est vers ce moment que Philibert-le-Beau demanda et obtint sa main. Tous deux avaient vingt et un ans.

Pendant trois années, Marguerite crut avoir dérouté la fatalité acharnée à sa poursuite ; la raison d'Etat n'avait point pesé sur cette union, elle était mariée selon son cœur. Elle ne regrettait plus les deux trônes qui lui avaient échappé. Le souvenir des injures passées se perdait dans les joies présentes. Aussi ces trois années furent-elles une perpétuelle allégresse ; Marguerite enferma son bonheur dans le château de Pont-d'Ain, où les fêtes, les plaisirs, les joûtes « pour l'amour des dames » s'empressèrent à lui faire oublier les mauvais jours. Le beau duc se laissait aimer et gâter comme un enfant ; il s'abandonnait avec une paresseuse tendresse à la passion inquiète de sa femme ; celle-ci gouvernait le duché pendant que Philibert rompait des lances ou s'en allait en chasse, mais son œil le sui-

vait partout, partout elle l'entourait de précau-
tions secrètes, comme si elle eût craint que le
malheur retrouvât le chemin de sa félicité.

Pourtant il lui manquait une dernière infor-
tune pour achever de mûrir son caractère et
pour l'arracher aux délices de cette Capoue où
se gaspillaient son énergie et ses talents ; il était
écrit qu'elle serait aussi grande dans la politique
que forte dans ses revers : le 10 septembre 1504,
le plus beau des princes mourut âgé de vingt-
quatre ans des suites d'une pleurésie gagnée à la
chasse.

Le désespoir de Marguerite fut terrible ; elle
avait vécu si vite ces trois années, elle s'était
laissée si doucement aller aux voluptés de ce
beau songe, que le réveil en dut être effroyable !
Elle, la belle et ferme intelligence dont l'influence se faisait déjà sentir dans les conseils de
l'Europe, eut une douleur furieuse, insensée, une
douleur de femme à qui l'on arrache le seul lambeau de bonheur qu'elle ait jamais eu. Pendant
trois ans elle remplit de son deuil ce château de
Pont-d'Ain dont l'atmosphère vibrait encore du
bruit des fêtes dispersées ; elle voulut recueillir
jusqu'à la dernière les traces impalpables que
l'être aimé laisse comme un parfum à tout ce
qu'il a touché et que la mort elle-même ne saurait effacer. Elle conserva la chambre où son

Philibert était mort (et où il était né) telle que son cadavre l'avait laissée ; souvent elle y venait passer de longues heures, assise près de ses meubles favoris, des armes qu'il préférait, de toutes les choses dont il avait l'habitude, cherchant avec une douloureuse volupté à s'entourer d'illusions et de souvenirs pour s'en refaire une menteuse réalité, demandant à ce milieu encore palpitant de lui quelques lueurs de la vie éteinte.

Maximilien vint enlever sa fille à ces lugubres passe-temps ; il l'emmena aux Pays-Bas, dont il lui donna le gouvernement. Marguerite se laissa faire ; elle quitta la tombe de son beau prince, mais elle lui jura une fidélité qu'elle ne trahit jamais. Agée de vingt-cinq ans à peine, belle, spirituelle, richement apanagée, elle était encore un parti à satisfaire le plus difficile des souverains. Mais elle renonça à tenter dans un quatrième mariage la fortune qui la fuyait ; son cœur ne devait plus vivre que du passé. Elle se condamna à un veuvage éternel et se voua désormais tout entière à deux tâches : la direction de ses provinces, et l'édification d'un tombeau pour son Philibert, digne de leur amour et digne de sa douleur.

Nous ne suivrons pas Marguerite dans sa carrière politique ; la conduite qu'elle y tint appartient à l'histoire de nos revers et de nos plus

honteux traités de paix; la France s'était donnée
cette dangereuse ennemie par une de ces injures qu'une femme, fût-elle la sérieuse Marguerite
d'Autriche, ne pardonne pas. Elle s'établit à Malines, qui devint sa résidence favorite, et d'où
elle gouverna à la fois les Pays-Bas et ses provinces de Bresse et de Bugey. Ses grands travaux
politiques ne lui firent cependant oublier ni le
vœu de Marguerite de Bourbon dont elle avait
hérité, ni le monument magnifique qu'elle devait
élever à la chère âme qu'elle pleurait. Elle résolut de fondre en un ces deux projets et d'inscrire
une date éclatante dans l'histoire de l'art. C'est
alors qu'elle conçut le plan de Notre-Dame de
Brou, dont elle exécuta elle-même, dit-on, le
premier dessin.

Avant de nous occuper de l'œuvre, terminons
en quelques traits cette esquisse de la fondatrice.
Marguerite fut l'inspiratrice de toutes les en-
treprises heureuses de son père; mais ce prince
turbulent et brouillon n'était à la hauteur de sa
fille ni par la tête ni par le cœur; opiniâtre et
sans décision, il détruisait souvent dans l'exécution l'effet des combinaisons mûries par Marguerite. Il dut à cette inintelligence dans l'action de
compromettre presque tous les succès qu'elle lui
avait préparés; aussi fut-il sa vie entière ce chevalier errant, aventureux et querelleur qu'on

trouve toujours là où il y a des coups à recevoir ou des humiliations à subir. Dans l'association de ce vieillard et de cette jeune femme qui a si longtemps remué le monde, Marguerite apportait la prudence et la sagesse, Maximilien l'étourderie.

C'est Marguerite d'Autriche qui décida avec le cardinal Georges d'Amboise, fondé de pouvoirs de Louis XII, la ligue de Cambrai, où l'empereur, le pape, les rois de France et d'Aragon s'unirent contre la république de Venise. Là, comme partout, Maximilien gâta ce que sa fille avait si bien commencé : on sait quelle part il prit à la bataille d'Agnadel, et comment il vint échouer misérablement au siége de Padoue.

Marguerite éleva son neveu Charles-Quint à sa forte école : l'éducation qu'elle lui donna ne fut pas la moindre revanche qu'elle prit contre la France. Charles-Quint conserva toujours pour les avis de sa tante la même déférence ; il continua, empereur, à lui soumettre ses actes diplomatiques les plus importants ; il la chargea de conclure le trop fameux traité de Cambrai. Personne n'ignore dans quelles conditions fut signé ce traité : l'armée du roi, après avoir bouleversé l'Italie, soulevé Florence et Venise, attiré sur Rome l'épouvantable sac de 1529, venait d'être battue et chassée ; François 1er, fatigué d'être vaincu, et Charles-Quint, las d'être victorieux, nommèrent des plénipotentiaires pour aviser à la paix. Louise de Savoie, la mère et le mauvais génie de François, s'aboucha à Cambrai avec Marguerite d'Autriche : c'est entre ces deux femmes que fut débattu et rédigé l'un des plus humiliants traités dont ait jamais rougi la France. François Ier payait le repos que lui accordait l'empereur par la cession de la Flandre, de l'Artois, de Milan, Gênes et Naples ; il donnait deux millions d'écus et abandonnait lâchement les Vénitiens, qui s'étaient ruinés pour lui.

Ce fut le dernier acte politique de Marguerite : elle mourut l'année suivante.

On est indécis sur la cause de sa mort ; voici celle que les chroniques donnent comme la plus probable : quelques mois après la signature du traité de Cambrai, Marguerite entreprit un voyage d'Anvers à Brou ; elle voulait juger par ses yeux de l'état de son église, dont la construction durait depuis dix-neuf ans. A Malines, où elle passa la nuit, elle appela sur le matin une de ses femmes, et lui demanda un verre d'eau ; en prenant le vase, elle le laissa tomber ; un éclat de verre rejaillit dans sa mule et la blessa au pied. On essaya vainement d'arracher le fragment de la blessure, la gangrène parut, l'amputation fut décidée ; elle s'y prépara courageusement, fit son testament et se livra aux chirurgiens ; ceux-ci, pour lui épargner une souffrance inutile, l'endormirent avec de l'opium, mais si maladroitement, qu'elle ne se réveilla plus. Elle avait cinquante et un ans.

La mort de Marguerite fut une perte irréparable pour son neveu qu'elle guidait de sa grande expérience, pour ses peuples dont elle était l'idole, pour les arts qu'elle aima et encouragea toujours avec autant de générosité que de compétence. La poésie, la peinture, la sculpture, la musique avaient en elle un Mécène qu'on n'implorait jamais inutilement. Au plus fort de ses hautes préoccupations, elle suivait de loin la construction de Brou, donnait des indications, se faisait faire des rapports et rendre des comptes incessants. Dans ses provinces, elle fit, par goût pour les arts et les lettres, ce que François 1er faisait en France par ostentation. Notre-Dame de Brou fut le travail de son cœur; nul ne sait les jouissances qu'elle éprouva pendant dix-neuf ans à édifier ce palais où elle allait un jour se réunir à son Philibert; elles durent être vives et violentes, car elle n'en chercha jamais d'autres. Elle compléta sa vie d'amertume par une dernière douleur : elle mourut sans avoir vu son église.

Marguerite d'Autriche est à la fois une des

plus majestueuses et des plus séduisantes figures de l'histoire ; elle fut le plus grand diplomate de son temps sans cesser un seul instant d'être de son sexe. A part l'aversion trop légitime qu'elle nourrissait contre la France, on ne peut reprocher à sa politique ni une colère ni une faiblesse, et si profondément que l'on fouille dans son existence privée, on ne rencontre que des perfections dignes de sa vie publique. Son œuvre de souveraine l'a faite immortelle, mais moins que son œuvre de femme et d'artiste. La maison d'Autriche lui dut peut-être la puissance avec laquelle Charles-Quint faillit absorber l'Europe ; mais cette puissance a croulé, et le temple de Brou, jeune et resplendissant, a traversé tous les orages, comme si du fond de leur caveau les cendres de sa fondatrice le protégeaient encore.

III

Notre-Dame de Brou fut commencée en 1511 et terminée en 1536.

Ainsi, au contraire des édifices gothiques, que les précédentes générations se transmettaient inachevés pendant de longs siècles, vingt-cinq ans ont suffi à la création de cette merveille.

Cette rapidité inusitée d'exécution indique dans l'histoire de l'art un point singulier qu'il importe de constater. Indépendamment des circonstances uniques qui ont préparé et environné sa construction, Notre-Dame de Brou est d'une époque où le style gothique, abandonné, proscrit, raillé, fut forcé, pour tenir tête à ses ennemis, d'être nouveau à tout prix ; il dut se résigner à une transformation, les rigides disent une profanation, qui fit de l'art sombre et sévère du moyen âge quelque chose de gracieux, de mondain, d'opulent, qu'on a nommé le style *fleuri* ou *flamboyant*. Pour bien faire apprécier tout l'intérêt de notre monument, nous rappellerons par quelles périodes de grandeur et de décadence passa l'art ogival avant de venir, galvanisé par la passion de Marguerite d'Autriche, jeter à Brou sa dernière flamme.

Vers le milieu du XIIe siècle, un homme se rencontra qui, prenant le demi-cercle, base du style roman, le rompit en son milieu, et, rapprochant les deux extrémités, forma l'ogive. Le nom de cet homme est oublié; mais toutes les nations devraient se disputer l'honneur de le retrouver, car ce fut le créateur de l'architecture religieuse.

Le style roman régnait alors; épais et lourd, il avait encore un pied dans la barbarie; c'était presque, dans sa nudité, l'architecture des catacombes, modifiée par quelques lambeaux des traditions grecques. On avait eu beau décorer de chapiteaux les piliers rudimentaires, les enrubanner de torsades, les peupler d'animaux bizarres, les enlacer de plantes fantastiques, le sentiment général était resté grossier et pénible; la hauteur restreinte, la forme prudente, des voûtes plein-cintre, le volume exagéré des colonnes et des murailles ne mettaient dans l'âme aucune impression de la grandeur et de la majesté qui sont les premières, les indispensables qualités d'un style religieux. C'est ce qui frappe à Lyon dans l'église d'Ainay, à Autun dans la cathédrale, et même à Paris dans l'admirable Saint-Germain-des-Prés, trois des plus beaux restes du style roman.

L'ogive fut donc la bienvenue : elle renversa comme d'un coup de foudre tous les systèmes en faveur; elle déblaya rapidement le terrain des méthodes primitives et des timides procédés de construction; tout ce qui n'était pas elle dut disparaître; les cathédrales commencées romanes furent terminées gothiques.

L'ogive arrivait, armée d'arguments sans réplique; elle avait pour elle, outre ses inestimables propriétés, tout l'attrait d'une nouveauté complète, absolue; non-seulement elle n'était pas le roman, mais rien n'était plus contraire : au lieu des larges massifs et des vides étroits, elle voulait les arcades élevées, les piliers élancés, les jours spacieux; elle ébranla violemment toutes les idées reçues sur la solidité des édifices, les proportions de leurs membres, et la sécurité de leurs supports; avec elle la témérité fut désormais la loi; on lança dans l'espace, à des hauteurs extravagantes, les tours, les clochers, les flèches, les pinacles; on appuya l'énorme appareil des voûtes sur de fragiles fais-

ceaux de colonnettes ; si l'on daigna se préoccu-
per de la poussée, ce fut pour la contrebuter au
moyen d'arcs-boutants dont la légèreté et l'audace nous effraie encore aujourd'hui. Il y eut
alors dans les cathédrales quelque chose d'aé-
rien, de diaphane, de surhumain, sous quoi le
style roman positif et terre-à-terre devait être
écrasé, et il le fut.

En trois cents ans, la France, l'Angleterre et
l'Allemagne se couvrirent d'un tel nombre d'édifices gothiques, qu'une pareille fécondité tien-
drait du surnaturel si la seule puissance de l'art
en devait avoir le mérite ; mais l'influence des
événements contemporains fut pour beaucoup
dans ce développement extraordinaire. Ces événements, dont nous allons parler, intervinrent ac-
tivement dans la carrière du style ogival ; autant
peut-être que sa propre valeur, ils contribuèrent
à son immense et rapide fortune, et c'est le jour
où ils prirent fin, que commença, après trois siècles de triomphe, l'injuste délaissement dans lequel il fut abandonné.

Ainsi, on pourrait chercher les causes de ce
succès sans exemple : dans la situation politique
des contrées du Nord, dans l'état des esprits au
milieu de l'enivrement des croisades, dans le
pouvoir incommensurable acquis par le clergé,
dans la concentration des lettres et des arts aux

mains des moines, enfin dans l'extrême extension de la franc-maçonnerie. C'est au moment où ces causes s'effacèrent, c'est lorsque les guerres entre les nations ont cessé d'avoir la religion pour mobile ou pour prétexte, lorsque les couvents dépouillés de leurs biens et débordés par la civilisation externe ont perdu à la fois le monopole de la science et les moyens de la mettre en pratique, enfin lorsque la franc-maçonnerie dissoute et persécutée a dû rompre cette union vigoureuse qui faisait sa force, que l'architecture ogivale a péri, pleine encore de force et de vie.

Parcourons en quelques lignes cette glorieuse existence si courte, et pourtant si complète, d'un style qui sera toujours le style religieux par excellence; c'est un sujet qui se lie intimement au nôtre, ou plutôt dont le nôtre n'est qu'un modeste corollaire.

Le onzième siècle finissait; un grand tumulte agitait le monde. Le Concile de Clermont avait mis le feu à l'Europe en précipitant sur l'Orient la première croisade. Les peuples émus couraient aux armes; on avait parlé de délivrer Jérésalem, et ce nom prestigieux, lancé dans la foule comme un cri d'alarme, était devenu le signal de tous les enthousiasmes, tous les dévouements, toutes les ambitions, toutes les violences; il n'existait plus qu'un seul but : la guerre aux infidèles ; qu'une seule route : celle du Jourdain. C'était un délire universel ; les champs, les métiers, les châteaux, les chaumières, étaient abandonnées avec une égale ardeur ; on se ruait sur la terre sainte. « Les chemins, dit un histo- » rien, étaient trop étroits, l'espace manquait » aux voyageurs. »

Au milieu de ce pêle-mêle, les gens paisibles eurent fort à faire pour se garantir du flot brutal qui passait. Heureusement les couvents ne par- taient pas ; ils se firent l'asile des sciences et des arts, effarouchés de tant de tapage ; les savants, les poètes, les maçons habiles, les tailleurs d'i- mages, les peintres, les verriers, les mosaïstes, se groupèrent autour de ces centres d'où rayon- nait la seule protection qui fût efficace contre la rigueur des temps et le sans-façon des hommes d'armes. La civilisation épouvantée vint cher- cher dans ces retraites un abri contre la barba- rie. Elle y resta trois siècles.

Cette condensation de toute la vigueur spiri- tuelle des nations eut un effet qu'on n'eût pas attendu de la débâcle générale : loin que le feu sacré de l'intelligence s'éteignît, il fut conservé, ravivé par les moines, vestales d'un nouveau genre, et le jour où le monde, épuisé par les luttes sauvages du moyen âge, arrêta son travail d'extermination, il ne vit pas sans étonnement la science sortir des cloîtres et se répandre plus brillante et plus profonde que jamais sur l'Europe dévastée.

Parmi ceux qui s'étaient venus réfugier sous l'aile inviolable de l'Église, se trouvaient les diverses corporations de francs-maçons. La *maçonnerie* était le seul art qui pût s'exercer en dehors de l'enceinte sacrée des couvents, car elle était le seul qui fût compris et respecté de la plèbe ; aussi le clergé, jaloux de conserver la suprématie que lui donnaient à la fois un pouvoir temporel considérable et le prestige d'une érudition inconnue ailleurs, s'empressa-t-il de s'attacher les francs-maçons par toutes sortes de faveurs et d'immunités.

L'Église était en ce temps-là à l'apogée de sa grandeur, et la protection dont elle couvrit la franc-maçonnerie valait celle du plus puissant roi. L'excommunication, arme terrible alors, servait de sanction pénale à ses ordres, et lui assurait dans tous les pays catholiques une autorité sans bornes. C'est sous cette redoutable égide que les *confréries* crûrent et se multiplièrent ; les catastrophes et les passions du moment leur firent une prospérité que décupla la tendance du clergé vers les arts libéraux, et spécialement vers l'architecture.

Le peuple lui-même, ignorant et simple, avait

pour ses cathédrales un attachement qu'on savait mettre à profit; il les aimait et leur consacrait souvent l'obole que la guerre ne lui avait pas prise ; elles étaient toute sa littérature ; on lui composait des églises, et il les lisait avec amour et recueillement. Il y avait même entre les corporations qui construisaient et le peuple qui payait une sorte de communion; l'édification d'une cathédrale était à leurs yeux une invocation où l'ouvrier priait à côté du donateur; le coup de ciseau du tailleur d'images et l'offrande du paysan venaient s'y confondre dans une même pensée. Tandis que l'homme des champs apportait son aumône à l'escarcelle du couvent, qui dirigeait les travaux, le maçon obscur ciselant dans quelque coin la niche d'un saint ou le chapiteau d'une colonne, ajoutait lui aussi son verset au psaume immense qui s'élevait vers le ciel, et bien souvent son verset était un chef-d'œuvre.

Les couvents comme initiateurs, les francs-maçons comme auxiliaires des couvents, voilà, pensons-nous, les causes du développement que prit l'architecture pendant les XIIIᵉ, XIVᵉ et XVᵉ siècles. Nous avons dit la puissance et l'action du clergé, la grandeur de ses conceptions, sa persévérance dans la mise en œuvre ; quel que fût son but, quels qu'aient été les moyens employés, le résultat n'en est pas moins des plus

admirables qu'on puisse rencontrer dans l'histoire. La franc-maçonnerie se montra digne de
comprendre et de traduire de si vastes desseins ;
elle n'était point une sociéte de formation ré-
cente ; mais son passé, qu'elle s'efforçait de faire
remonter à la construction du temple de Salo-
mon, était resté assez obscur, assez stérile pour
lui laisser tous les mérites et tous les labeurs
d'une création nouvelle. Et cependant, dès qu'elle
se sentit appuyée sur le bras robuste de l'Eglise,
elle s'éleva tout d'un coup à une hauteur sur-
prenante. Son organisation est une étonnante
chose pour l'époque. Si un prince, une ville, une
province décidait l'érection d'une cathédrale,
c'était au monastère le plus renommé dans cette
sorte d'ouvrage qu'on avait recours ; le supérieur
faisait dresser par ses moines le plan de l'édifice
et le livrait ensuite aux corporations spéciales,
qui exécutaient. Les corporations observaient
une rigide discipline ; et, bien que le principe de
fraternité fût la base de leur constitution, la loi
des hiérarchies était rigoureusement observée.
Les francs-maçons jouissaient par toute l'Europe
d'une considération qui, stimulant l'émulation
des uns, la vanité des autres, les entourait sans
cesse de nombreux aspirants : être admis dans
leurs rangs paraissait, même aux gens de condi-
tion, une faveur enviable ; les souverains, les

évêques, les abbés, tenaient à honneur de se dire leurs confrères. Des examens sérieux masqués de cérémonies bizarres étaient cependant obligatoires; si les conditions s'en faisaient complaisantes lorsqu'il s'agissait d'un membre honoraire de haut parage, elles retrouvaient toute leur rigueur quand on avait affaire à un simple *compagnon*. Alors c'était un scrupuleux interrogatoire sur toutes les branches de l'art : la coupe des pierres, la charpente, la théorie des poussées, la résistance des matériaux ; de plus, le candidat soumettait un *chef d'œuvre* à l'appréciation de trois maîtres jurés. Avec une telle complication de difficultés, on ne s'exposait guère à admettre un ignorant.

Les confréries étaient donc un pouvoir; pouvoir d'autant plus ferme qu'il affectait de ne relever que du Pape. Le Pape, en échange de cette suzeraineté, soutenait énergiquement les francs-maçons, souvent au grand dommage des lois et règlements du pays qu'ils occupaient. Ils s'établissaient dans une province et s'y constituaient comme un État dans l'État tout le temps que durait le travail entrepris. Ils y apportaient des mœurs étrangères, des coutumes prohibées et les imposaient ; s'ils travaillaient pour le compte d'une ville, ils étaient de droit exempts de toute contribution : personne n'était toléré en concurrence avec eux, et nul n'eût osé affronter, en leur résistant, les foudres de l'Eglise.

Les différentes confréries professaient entre elles une espèce de solidarité qui doublait leur action ; en se mettant d'elles-mêmes hors la loi commune, elles avaient compris qu'il fallait resserrer les liens qui unissaient tous leurs membres. Elles poussèrent le génie de l'association jusqu'à se créer un système de correspondance qui, dans un temps où les communications étaient si laborieuses, fonctionnait avec une incroyable régularité ; ils en étaient venus à ce point, qu'au moyen de signes convenus et conservés secrets, chaque affilié, en quelque lieu du monde qu'il se trouvât, pouvait se faire reconnaître d'un confrère et en obtenir aide et protection au besoin.

Il y avait des corporations fixes qui ne travaillaient que pour leur ville ou leur province; d'autres parcouraient l'Europe et plantaient leur tente partout où quelque monument religieux ou civil se présentait à construire ; l'œuvre terminée, ils se levaient et partaient. Ordinairement ils étaient accompagnés ou précédés de missionnaires chargés de préparer les voies, d'éveiller le zèle des populations et d'accroître les ressources.

Les confréries furent d'abord composées exclusivement d'Italiens ; mais peu à peu les Allemands et les Français furent introduits, puis les Flamands, et enfin les Anglais; bientôt elles formèrent une véritable nation qui se dispersa par l'Europe. Alors, la franc-maçonnerie put montrer tout ce qu'elle avait de vie et de fécondité; les chefs-d'œuvre jaillirent de ses mains et peuplèrent les contrées les plus reculées; les cathédrales, les abbayes, les monuments séculiers s'élevèrent comme par enchantement; des villes entières furent transformées. Les congrégations religieuses, enrichies d'un côté par l'aliénation des biens des Croisés qui voulaient assurer avant le départ le salut de leur âme, de l'autre par les dons innombrables faits à Dieu, par ceux qui ne partaient pas, pour le succès de l'entreprise, les congrégations firent merveille des confréries à leur dévotion. L'ogive venait de paraître; tous ceux qui se préoccupaient de l'art, gêné si longtemps dans les formes craintives du Roman, la saluèrent avec acclamation, et la franc-maçonnerie, joyeuse d'avoir enfin trouvé où déployer sa science et son audace, se jeta à corps perdu dans le nouveau style.

L'architecture ogivale eut, comme tous les styles, une enfance et une vieillesse; mais l'enfance fut courte et précoce, la vieillesse robuste et majestueuse. Les premières églises gothiques construites dans le Nord affectèrent une simplicité

outrée; elles répudièrent les ornements comme
frivoles et se firent froides pour se faire dignes.
On ne tarda pas à se lasser de cette rigidité,
les sculpteurs et les ornemanistes pénétrèrent de
nouveau dans les églises et parvinrent rapidement à une grande perfection. Cet art de l'ornementation, qui devint bientôt le complément né-
cessaire de l'architecture gothique, resta longtemps dans les tâtonnements; il dut se créer des
méthodes et des principes en harmonie avec les
formes nouvelles; il lui fallut trouver des motifs
qui fussent de la famille de l'angle aigu. Aussi,
les sujets gracieux, les lignes arrondies, la flore
épurée que les chapiteaux romans avaient em-
pruntés aux temples païens furent-ils rejetés avec
dédain; la feuille de houx supplanta l'antique
feuille d'acanthe, le chardon chassa le laurier,
le bœuf et la chèvre des entablements grecs dis-
parurent, et la plus étrange population de grif-
fons, de salamandres, de bêtes horribles et sans
nom prit leur place. Les figures humaines revê-
tirent elles-mêmes une apparence surnaturelle;
on logea dans les niches innombrables des cathédrales des personnages fluets, étirés, filan-
dreux, et qu'on eût cru passés par la même fi-
lière que les longues colonilles des pilliers. Puis
toute cette décoration, après n'avoir servi que
d'embellissements, finit par prendre un autre

sens : les diverses congrégations religieuses, bien que liées entre elles par la discipline dont le centre était à Rome, se jalousaient souvent les unes les autres ; elles ne s'épargnaient ni les tracasseries, ni les injures, et nulle n'omettait d'introduire dans l'ornementation des églises qu'elle construisait la caricature des moines rivaux. Ajoutons que les mœurs d'alors admettaient volontiers certains procédés de critique dont l'indécence ferait rougir jusqu'au sang nos mœurs modernes : c'est ainsi qu'on retrouve dans tous les monuments religieux de cette époque, et même dans le plus récent et le plus aristocratique, dans Notre-Dame de Brou, des scènes d'un caractère singulier pour un temple de Dieu.

Dès ses premiers pas, nous l'avons dit, l'ogive fut adoptée avec enthousiasme par tous les peuples du Nord ; le profil élancé qu'elle donnait aux voûtes, la légèreté qu'elle permettait aux appuis, la forte inclinaison qu'elle assurait aux toitures, convenaient aux climats sombres et neigeux mieux que les formes écrasées du plein cintre ; mais il n'en fut pas de même dans le Midi, où les défauts du Roman se faisaient moins sentir et où il ne céda pas facilement la place. En Provence, par exemple, sa résistance fut opiniâtre, et en Italie il ne tomba que devant la Renaissance.

Le style ogival appartient donc essentiellement aux pays septentrionaux ; c'est chez eux seulement qu'il a parcouru régulièrement toute sa carrière. Il s'est même concentré au milieu de ces contrées dans une certaine zone dont on pourrait fixer le centre à Paris ; à mesure qu'on allonge le rayon de la circonférence, la pureté et la fécondité s'en vont décroissant. Autour de Paris se groupent les cathédrales de Reims, de Chartres, de Bourges, d'Amiens, de Rouen, de Strasbourg, de York, de Cologne ; en s'éloignant encore du centre, on trouve dans une deuxième zone, moins riche que la première : le nord de l'Angleterre, la Suède, l'Allemagne orientale, le midi de la France, le nord de l'Espagne. Au-delà de ces limites, le style gothique se raréfie, se mélange, se commet avec des styles étrangers ; au Nord, c'est encore la barbarie des basiliques primitives ou des temples d'Odin ; à l'Est, le bysantin moscovite ; au Sud-Est, le classique qui s'apprête à renaître de ses cendres ; au Midi, le mauresque, l'Alcazar et l'Alhambra. L'art ogival vécut environ trois cents ans, sa vie normale ; on peut dire qu'il est né avec le XIIIe siècle et qu'il a fini avec le XVe. On découvre bien des traces d'ogive antérieures à cette époque, on en trouve de nombreuses postérieures, mais celles-là sont le pénible travail de l'enfantement, celles-ci les convulsions de l'agonie.

Nous n'entreprendrons point l'histoire de ces trois cents glorieuses années, ni la description des milliers de monuments admirables qui, malgré les guerres, les révolutions et les académies, semblent encore regarder avec dédain du haut de leurs tours et de leurs clochers toutes les platitudes architecturales de notre siècle. Ceci, nous le répétons, n'est point un livre, c'est une promenade sentimentale à travers une question d'esthétique dont nous laissons l'étude sérieuse à plus compétent que nous; on nous permettra donc de diriger notre premenade un peu au hasard de nos idées; le récit des triomphes du style ogival n'est pas de ceux qu'on puisse mettre sur le papier, il est écrit sur la façade de nos vieilles cathédrales; c'est là qu'il est éloquent et qu'il le faut aller lire; le moyen âge a pris soin de le multiplier avec une telle profusion, qu'il est bien peu de bourgades ou de villages obscurs qui n'en possède quelque magnifique et vénérable exemplaire.

Vers la fin du XVe siècle, l'art ogival entre dans sa période de décadence. Depuis quelques années un adversaire s'était levé qui commençait à envahir le monde; adversaire formidable, car ses armes étaient les mêmes dont l'ogive s'était servie : la nouveauté, les tendances religieuses du jour, l'état politique de l'Europe; et ses apôtres s'appelaient Brunelleschi et Michel-Ange.

Cet adversaire, c'était la Renaissance.

Il faut dire en quel état se trouvait l'Europe au moment où s'alluma cet incendie qui, en épurant tous les autres arts, devait consumer jusqu'au dernier vestige de l'architecture religieuse.

C'est du milieu du XVe siècle que jaillit l'étincelle. Le monde, bouleversé depuis tant d'années par des luttes sanglantes et sans issue, commençait à respirer ; la reddition de Bordeaux par les Anglais venait de terminer l'éternelle guerre entre la France et l'Angleterre ; la prise de Constantinople avait chassé sur le nord et sur l'Italie une population de Grecs chargés des trésors de leur antiquité ; l'imprimerie était née ; le moyen âge était fini.

A cet instant de repos universel, l'esprit humain, réveillé de son sommeil séculaire, fut pris comme d'un enivrement de liberté ; il avait hâte d'essayer ses facultés engourdies ; en voyant autour de lui cette abondance d'aliments que l'Orient lui envoyait et que les couvents lui avaient conservés, il fut saisi de vertige ; affamé par un jeûne de trois siècles, son appétit ne connut plus de frein. Alors ce fut une orgie de littérature, de philosophie, de toutes les choses dont on était privé depuis vingt générations ; il se fit en Italie, en Grèce, en Asie, une battue générale pour découvrir les précieux restes des civilisations anciennes : c'était la détente de l'intelligence humaine comprimée par trois cents ans de désolation et de barbarie.

Le mouvement fut irrésistible : ni les guerres d'Allemagne qui survinrent, ni les expéditions de Naples et du Milanais, ne purent l'arrêter. Par un de ces hasards que la Providence se plaît à créer lorsqu'elle a résolu de changer l'état intellectuel du monde, jamais les lettres, les arts et les sciences n'avaient été plus splendidement représentés ; les Cours italiennes regorgeaient d'artistes, de poètes, de savants, et il fut donné à cette époque sans pareille de voir réunis dans la même ville, attachés au même prince, deux hommes dont un seul eût suffi à la gloire d'un siècle : Raphaël Sanzio et Michel-Ange Buonarotti.

C'est qu'aussi jamais les artistes, les poètes et les savants n'avaient été plus recherchés, plus choyés, plus applaudis ; les princes italiens se disputaient un grand peintre ou un grand architecte avec tout l'acharnement qu'ils eussent mis à conquérir une province ; on luttait à coups de chefs-d'œuvre, et il n'était point de sacrifices qu'on ne s'imposât pour recruter des combattants.

Mais le véritable sanctuaire de l'art était à Rome, la Rome de Jules II et de Léon X.

Le premier, le fougueux Julien de la Rovère, un grand prince et un grand artiste, avait par-

tagé sa vie entre deux tâches gigantesques : l'in-
dépendance de la papauté et le rétablissement
des lettres et des arts Il passa son pontificat a
défendre, casque en tête et l'épée au poing, le
trône de saint Pierre ; on était loin alors des
beaux jours de la première croisade ; le pouvoir
temporel était terriblement discuté ; Jules II se
brisa contre la tiédeur des souverains catholiques
et l'insubordination des croyances : il mourut à
la peine. Mais s'il échoua dans ses projets politiques, sa puissante activité, sa passion pour les
arts, la culture admirable qu'il en fit, lui don-
nèrent d'impérissables titres à la postérité, et
c'est justement que son nom doit être inscrit à
côté de ceux de Bramante et de Michel-Ange, au
fronton de Saint-Pierre de Rome.

Après ce pape de génie vint un pape d'esprit,
qui continua son œuvre. La cour épicurienne de
Léon X acheva en le polissant le rude travail
ébauché par la cour belliqueuse de Jules II. Si
différents de goûts et de caractère, ces deux hommes mémorables avaient une passion commune :
celle du beau. Léon X, homme de plaisirs et de
paix, complétait Jules II, homme de labeur et
de guerre. La succession de ces deux règnes fut
pour les arts et les lettres un autre siècle d'Au-
guste.

La Renaissance se manifesta tout d'une pièce ;

elle eut sa littérature, sa philosophie, sa peinture, sa statuaire et son architecture ; le tout
coordonné de manière à ne laisser aucune place
pour ce qui ne dérivait pas d'elle. Le style gothique fut victime de cette organisation et de
l'intolérance qui en était la conséquence iné-
vitable ; la loi nouvelle ne pouvait faire une
exception pour lui : il dut périr.

Mais il ne tomba point sans une vigoureuse
défense ; défense d'autant plus glorieuse, que
tout se réunit pour l'accabler. Il n'eut pas seulement à combattre l'ennemi qui lui venait
d'Italie, il lui fallut encore lutter contre sa
propre désorganisation. Depuis que la papauté
était mise en question, sa protection devenait
à peu près illusoire pour la franc-maçonnerie ;
les subventions étaient supprimées, l'excommunication n'avait plus aucun crédit ; déjà bien
avant le pontificat de Jules II, les confréries ne
devaient plus rien attendre de la cour de Rome.
Aussi, vers la fin du XVe siècle, le trouble se
mit parmi elles ; les corporations se dispersèrent,
et avec elles la science profonde des appareils
ingénieux et de la pondération des masses, les
théories de la hardiesse et de la légèreté, tout
ce qui constituait l'art ogival. Dans nombre de
royaumes, on les persécuta ; on s'aperçut, après
plusieurs siècles d'exercice, que leurs coutumes

étaient illégales et leurs pouvoirs exorbitants, on ne vit dans les franc-maçons que les émissaires du pape, on oublia qu'ils avaient fait la richesse monumentale de l'Europe.

Beaucoup de franc-maçons rentrèrent dans la vie normale et changèrent de métier; d'autres apostasièrent et firent de l'architecture grecque; quelques-uns se vouèrent à la conservation de leur art comme d'une religion; mais leurs rangs s'éclaircirent chaque année sans se remplir, et le jour où Marguerite d'Autriche appela à elle les débris des confréries pour la construction de son église, tous les pays de l'Europe durent se cotiser pour les lui fournir.

L'art ogival était donc condamné avant même que l'invasion de la Renaissance lui eût porté le dernier coup. Entre le premier pas qu'il fit vers la chute et le moment où il rendit le dernier soupir, se place la modification qu'on a nommée le style *fleuri* ou *flamboyant;* c'est à ce style qu'appartient Notre-Dame de Brou.

L'architecture de la Renaissance pénétra en France sous le patronage de Georges d'Amboise. Les expéditions de Louis XII avaient rompu la barrière qui séparait l'art français de l'art italien. Le cardinal, émerveillé de ce qu'il avait vu à Milan, voulut attirer à lui quelques-uns des maîtres dont l'Italie surabondait : il tenta Léonard de Vinci, le grand peintre, le grand ingénieur et le grand architecte; Léonard de Vinci résista (pour céder plus tard à François Ier); il se rabattit sur le Dominicain Fra-Giocondo, et c'est avec celui-là que la Renaissance passa les Alpes.

Quand la Renaissance parut en France, elle trouva l'ogive armée de toutes pièces. Le style gothique n'avait plus les grandes lignes et la naïve simplicité du XIVe siècle : il était devenu le style *fleuri*. Lorsque la Renaissance se montra avec ses colonnes torses, ses chapiteaux de bronze, ses médaillons de marbre multicolore, ses anges bouffis et ses nuages dorés, elle trouva l'ogive, la grave et sombre ogive, transformée en quelque chose de gai, de gracieux, d'élégant; les lignes inflexibles, arrondies; les surfaces monotones, disparues sous une végétation de pierre d'un ouvrage infini ; les angles, émoussés; les formes ascétiques, humanisées : l'ogive avait fait toutes les concessions que commandait la présence de son adversaire. Mais la lutte n'était pas possible : après un moment d'hésitation, durant lequel l'art ogival eut le temps de produire encore, dans un monstrueux accouplement avec la Renaissance, quelques édifices bâtards et mal venus, il tomba pour ne plus se relever.

Nous sommes en 1511.

IV.

Notre-Dame de Brou est une église de moyenne
grandeur : elle a cent deux mètres de longueur
de la porte d'entrée au chevet, trente de largeur
et vingt de hauteur sous voûte; sa forme est
celle de la croix latine; elle a cinq nefs et un
jubé.

Le premier regard jeté sur la façade vous
remplit à la fois de surprise, d'incertitude et
d'admiration. Rien n'accuse plus clairement l'état
d'affaissement où se trouvait l'art ogival lorsque
Marguerite résolut de lui demander cette dernière
manifestation; c'est une sorte d'accommode-
ment entre le style naissant et le style déchu,
souvent aux dépens de l'élégance et du bon goût.
L'architecte a essayé de cacher ce compromis
sous une profusion d'ornements d'une incroyable
délicatesse, sans réussir à autre chose qu'à effacer

plus encore l'individualité de son œuvre. L'âme, sollicitée par une attraction inexplicable, par on ne sait quel air de mélancolie qui semble faire vivre et frissonner la pierre, l'âme reste pourtant hésitante et troublée ; l'œil, dérouté par l'incohérence de l'ensemble, se réfugie dans les détails; l'esprit, fatigué de chercher une harmonie dans ces surfaces équivoques, une unité dans ces lignes indisciplinées, préfère s'arrêter sur les merveilleuses ciselures qui déguisent la difformité des masses.

Cependant, il faut bien trouver quelque ordre dans ce désordre; mais ce n'est pas sans un certain travail qu'on parvient à découvrir, enfouie sous l'ornementation, la pensée de l'artiste.

Un corps principal servant de pignon à la nef centrale est flanqué de deux corps latéraux plus petits, mais sensiblement de même forme et répondant aux nefs de côté. Le corps se détaille en un portail surbaissé richement, décoré à la manière flamande; un premier étage troué de trois fenêtres ogivales chargées d'arabesques fort compliquées ; enfin, un pignon supérieur ornementé le plus singulièrement du monde. Ce pignon, dont il est difficile de décrire l'effet, est un triangle à deux côtés curvilignes tout dentelés de choux et de fleurons. Au centre du triangle est une rose très-agréablement découpée, et dans les trois angles trois autres petits triangles dont les côtés sont des arcs de cercles, et qui servent, concurremment avec la rosace, à donner du jour dans la nef. Les chercheurs ont voulu voir dans cette disposition étrange l'emblême de la Trinité entourant l'emblême de l'Éternité ; les *maçons* étaient bien capables d'avoir tant d'esprit, ils excellaient dans l'art de composer ces énigmes de pierre, et les plus indéchiffrables étaient les meilleures; mais si le mot de celle-ci n'est pas bien authentique, l'explication nous semble hardie; nous y verrions plus volontiers le résultat de l'embarras où se morfondaient les architectes pris entre le gothique et la Renaissance, et d'où ils croyaient sortir en se jetant dans des formes bizarres qui ne tinssent ni de l'un ni de l'autre. Nous retrouverons fréquemment dans l'église de Brou ces divagations qui chagrinent l'artiste, mais réjouissent l'archéologue, parce que si elles sont une erreur de goût, elles fournissent de précieux jalons à l'histoire de l'art.

Les pignons latéraux sont de la même valeur; deux fenêtres franchement ogivales en éclairent le rez-de-chaussée; les triangles correspondant aux voûtes sont percés chacun d'un jour d'une coupe inexplicable : c'est un caprice de dessin dont le sens nous échappe. Six contreforts gothiques à leurs bases et coiffés de chapiteaux Re-

naissance, indiquent au dehors les rangées inté-
rieures de piliers.

Nous ne nous aventurerons pas dans la description des ornements dont la façade est écra-
sée depuis le sol jusqu'au faîte ; malgré quelques
mutilations, il en reste encore assez pour confondre l'imagination ; l'habileté des *folliagiers* y
dépasse les limites du possible ; tout ce que l'art
flamand a de plus rare et de plus opulent se dé-
roule à vos yeux avec une prodigalité qui fait de
cette surface incomparable un vaste filigrane de
pierre. Il faudrait de longues journées pour voir,
de longs volumes pour raconter, et cependant
toutes ces richesses ne sont que le prélude de ce
que le chœur vous prépare. Déjà, le P M entre-
lacé se détache çà et là sur les nervures du portail, comme pour servir d'argument au poëme
qui vous attend dans l'intérieur. Ces deux initiales, inséparables comme ceux dont elles rappel-
lent le souvenir, vous les retrouverez partout :
elles sont accrochées aux cartouches des voûtes,
elles courent le long des arceaux, elles se cachent au fond des chapelles, elles vous apparais-
sent étincelantes au détour de chaque admiration ; elles sont la raison, l'âme, la vie de l'édifice ; elles servent de refrain aux mille strophes
de ce magnifique chant d'amour.

Les statues de la façade sont d'un mérite

variable. Le saint André qui domine le portail est du meilleur faire de la Renaissance; on aperçoit dans cette touche véhémente, dans ces draperies tumultueuses, dans cette science des muscles et des articulations, l'influence de l'école italienne. Les autres figures se débattent dans les entraves de la statuaire gothique; on voit bien que leur roideur voudrait s'assouplir, que leurs plis cherchent à s'agiter, que l'inertie leur pèse, mais le souffle de l'art nouveau n'est pas encore assez vigoureux pour animer leur immobilité.

La Renaissance a détruit l'architecture religieuse, mais elle a élevé les autres arts libéraux à une hauteur inconnue depuis les beaux siècles de Rome et de la Grèce. La Renaissance était essentiellement païenne; aussi tout ce qui ressortait du domaine de la plastique a-t-il approché avec elle de la perfection. Notre-Dame de Brou, tout en conservant les traditions ogivales autant qu'elle le put, accepta avec empressement de la Renaissance la pureté et la rectitude des formes; le saint André et les admirables statues du chœur procèdent directement de Michel-Ange. Antérieurement au XVe siècle, le sculpteur n'était guère qu'un accessoire de l'architecte : il était son ouvrier, son esclave, son instrument; il devait prendre sur une niche étroite et efflanquée la mesure de son inspiration; la statue formait une partie intégrante du monument au même titre que le premier venu des moellons; hors de l'ensemble, elle n'était qu'un objet dépareillé et sans valeur. A Brou, l'on sent que le statuaire a déjà revêtu une personnalité; le tailleur d'images ne travaille plus pour le bon plaisir du maçon, mais bien pour le compte de sa propre gloire; il s'est reconnu un mérite intrinsèque; il n'est plus un manœuvre, il est un artiste.

Les statues du portail empruntent à une propriété spéciale de la pierre dont elles sont faites un air de jeunesse surprenant chez des figures âgées de trois cent trente ans. Toute la façade jouit du même privilége; on a besoin du témoignage formel de l'histoire et surtout de la vue du travail infini dont l'église est couverte, et qui seul accuserait un autre siècle, pour ne pas la croire terminée d'hier.

On a planté, il y a quelques années, sur le parvis, une croix de mission. Nous sommes loin de contester l'utilité des croix de mission; mais nous croyons que la beauté de la forme ne nuit en rien à la majesté du symbole, et nous affirmons qu'on n'a jamais plus déplorablement attenté à la pudeur de l'art que le jour où l'on a placé devant la merveilleuse façade de Brou ce

disgracieux engin. Il eût été si facile de mettre
là une croix dans le style de l'église, dont elle
eût été l'harmonieux complément, qu'on se demande où s'est pu rencontrer un architecte assez
abandonné de sa muse pour commettre une
aussi énorme méprise; espérons, pour l'honneur
du corps, que cet architecte fut quelque forge-
ron du voisinage, plus versé dans le ferrage des
chevaux que dans la pratique des saines règles
de l'art. La présence de ce chef-d'œuvre de
quincaillerie est une insulte permanente à l'ombre de Marguerite d'Autriche; la grande et dé-
licate artiste a dû frissonner d'indignation dans
sa couche de plomb, en voyant de quelle fa-
çon le XIXe siècle traitait la face éblouissante
de son œuvre. Si notre voix pouvait arriver jusqu'au prélat éminent et éclairé qui gouverne
le diocèse de Belley, elle le supplierait de vouloir bien se rappeler un admirable petit monument qu'on nomme la *Croix de Saint-Projet;*
nous sommes assuré que ce serait le plus rude
coup que nous puissions porter à la croix de
Brou, et si nous parvenions à la renverser, nous
penserions avoir droit à la reconnaissance de
tous les gens de goût.

Jusqu'au jubé, l'intérieur de l'église est simple
et d'une nudité relative; chaque pilier se compose d'un faisceau de colonnettes élancées qui

viennent s'épanouir en nervures à la voûte; de trop larges vitraux en verre incolore projettent sur la pierre, qu'on dirait sortir de ses carrières, une lumière trop blanche ; on y voit comme en plein air, ce qui nuit un peu à l'effet perspectif. La voûte de la nef centrale est en ogive, mais l'ogive de la décadence ; la clé s'est affaissée, les reins se sont bombés, l'anse de panier commence à poindre ; des cartouches ciselées cachent les points d'intersection des nervures ; ce sont des P M entrelacés, des devises énigmatiques, ou les armes du prince et de la princesse; on retrouve aussi fréquemment la devise de la maison de Savoie, telle qu'elle se lit encore sur le blason du roi de Sardaigne

FERT . FERT . FERT

Les bas-côtés seuls conservent le caractère réellement gothique; ils sont plus sévères d'aspect, moins lâches que la nef, mais, comme elle, trop éclairés. Les fenêtres, prétexte ordinaire des tours de force du folliagier, valent presque le portail; les baguettes en sont découpées avec une hardiesse extrême; mais là aussi se révèle la dissolution de l'art pur; l'arc de cercle rigoureux a cédé la place à des courbes inconnues à la géométrie ogivale; la combinaison et l'enchevêtrement de ces lignes finit par produire des dessins qui vous attirent malgré vous, mais que vous ne sauriez définir ni classer.

On a récemment rapporté à l'un des piliers une chaire en carton-pierre, qui jure avec le reste comme un anachronisme ; cet objet affiche des prétentions au style gothique. Deux anges drapés en mannequins soutiennent à bras tendus l'abat-voix sur lequel est assis un Christ grand comme nature ; le tout raide, gauche, prétentieux et du plus fâcheux classique. On attribue ces deux laborieux chérubins à un royal ébauchoir ; cette origine illustre explique, sans l'excuser, leur admission dans une enceinte où, pas plus que le fidèle, l'artiste ne devrait trouver sujet à raillerie.

Le jubé reprend votre admiration au point où l'avait laissée la façade : c'est la même profusion d'ornements, avec plus d'ordre et de méthode. Ici, les masses sont mieux divisées, l'étude du détail est moins fatigante ; on peut suivre plus aisément dans leurs mille contours les broderies dont la pierre est surchargée. Le jubé se subdivise en trois arceaux surbaissés reposant sur quatre piliers de section carrée, et dont la simplicité contraste singulièrement avec le luxe de la galerie supérieure ; les arcs disparaissent sous une forêt de stalactites de toutes grandeurs et de toutes formes ; on dirait voir ces efflorescences que produit la limaille de fer en se précipitant sur une pierre d'aimant. Les motifs sont les mêmes que dans toute l'église, mais variés avec une inépuisable fécondité ; ce sont des P M réunis par l'entrelac obligé, des devises, des armoiries, des fleurs et des fruits fouillés avec un art, une patience, un acharnement inconcevables. Telle a été l'adresse de l'architecte, que, dans cet édifice extraordinaire, chaque pas semble vous mettre en présence de la dernière perfection à laquelle puisse atteindre l'homme, tandis que le pas suivant vous jette dans un nouvel étonnement et vous arrache un redoublement d'exclamations.

On pénètre dans le chœur par une petite porte pratiquée au milieu de l'arcade centrale du jubé. Nul, possédant une fibre d'artiste, n'en franchira le seuil sans s'arrêter aveuglé du premier regard. Nous ne connaissons point de spectacle plus émouvant que celui du chœur de Notre-Dame de Brou, lorsqu'un beau soleil tamise les brillantes couleurs des vitraux sur les inestimables trésors de bois et de marbre qu'il renferme. C'est quelque chose d'imprévu, de saisissant comme une grande lumière au sortir de l'obscurité ; c'est un monde nouveau où les facultés humaines sont insuffisantes, où les organes doivent ramasser toute leur vigueur et déployer toute leur activité pour ne point succomber à des sensations hors nature.

La simplicité du vaisseau ajoute encore à la stupéfaction qu'on éprouve. Il ne faut pas oublier que Brou était une chapelle de couvent; on abandonnait la nef au peuple, le chœur se réservait aux religieux, aux fondateurs et aux personnages considérables : le chœur était donc la vraie église; c'est à lui que l'art prodiguait toutes ses richesses, et celles qu'il a répandues dans le temple de Marguerite d'Autriche font presque douter que ce soit l'ouvrage des hommes.

Les beautés principales du chœur sont les vitraux, les stalles, la chapelle de la Vierge et les mausolées.

Les murs sont décorés dans le même sens que la façade et le jubé, avec moins d'excès et plus de goût, toujours avec le même fini d'exécution. Les parois de l'abside sont entièrement nues; leur seule décoration est une moulure courant à hauteur d'homme tout autour de l'autel; de cette moulure se détache à jour, par un prodige d'adresse et de volonté, la mélancolique devise de Marguerite. Les maçons de Brou ont montré là quelle exquise délicatesse d'intentions ils savaient joindre à leur miraculeuse habileté; on est moins frappé peut-être du travail surhumain des mausolées, que de cette simple inscription, seul et inimitable ornement du sanctuaire :

FORTVNE. INFORTVNE. FORT.VNE.

Les vitraux sont des plus parfaits et des mieux conservés que l'on connaisse; ils sont de l'époque où la peinture sur verre comptait parmi les plus honorés d'entre les arts libéraux, et ils s'en ressentent. Les sujets sont la présentation à Dieu, par leurs patrons, de Philibert, de Marguerite et de leur famille, puis l'interminable collection des armes de leurs ancêtres.

Les stalles seraient le plus fabuleux ouvrage qu'on puisse imaginer, si elles n'étaient voisines des mausolées. Nous ne tenterons pas d'en raconter l'innombrable détail; les personnes curieuses de connaître une à une les figures dont elles sont peuplées, consulteront le père Rousselet, dernier prieur de Brou, qui en donne l'énumération dans son *Guide*, avec la fidélité d'un inventaire. Mais ce qu'on ne saurait trouver dans aucun livre, c'est le profond sentiment de vénération qu'on ressent en présence d'une telle œuvre pour les hommes qui l'ont conçue et exécutée; c'est immense comme un dénombrement d'Homère, et pourtant le nom d'aucun de ces rapsodes n'est parvenu jusqu'à nous. Ces

humbles ouvriers ont laissé après eux un chef-
d'œuvre désespérant de perfection, sans se douter qu'ils eussent fait autre chose que leur devoir.

Il y a quarante-deux stalles, chacune adossée
à un panneau, dont la seule ornementation
suffirait à toute une église. La décoration de la
façade et du jubé s'y répète en miniature ; chaque panneau est séparé de son contigu par un
système de quatre colonnettes à base gothique
et à fût feuillagé, où le règne végétal semble
avoir épuisé son infatigable variété. Le centre
des panneaux est occupé par une sorte de petite
chapelle abritant un personnage de l'Ancien-
Testament. La même disposition est répétée
d'un bout à l'autre des boiseries. Un dais règne
à la partie supérieure, que la plus fragile pièce
d'orfèvrerie ne pourrait surpasser en finesse et
en légèreté. Les stalles de la cathédrale d'Amiens
donneraient à peine une idée de celles de Brou.

Les séparations et les banquettes des siéges
sont habitées par une foule d'êtres baroques ou
obscènes qui nous rejette en plein moyen âge :
ici, un singe à cheval sur une cloison fait
d'horribles grimaces à un moine juché sur la
cloison voisine un bréviaire à la main ; là, un
soudart à mine effroyable et tout corselé de fer,
nargue une Ève grelotante qui cache ses mains
sous ses aisselles ; une femme, sans autre vête-

ment qu'une tête de mort qu'elle serre entre ses genoux, tire la langue à un bon religieux dont le capuchon laisse passer d'énormes oreilles d'âne. Sous les banquettes, le grotesque redouble; les groupes prennent des allures d'une licence repoussante; la satire ne connaît plus de frein; c'est à peine si l'on peut citer ce moine étreignant amoureusement une outre d'où le vin jaillit à flots dans sa bouche; cet autre, fustigeant à tour de bras une femme qui lui mord le talon; ce troisième, tirant le diable par la queue; le reste ne peut se décrire.

Il faudrait la plume de Théophile Gauthier pour écrire ce qu'on éprouve d'enthousiasme en face de ce morceau de bois taillé. Si Théophile Gauthier eût vu Notre-Dame de Brou, il eût fait pour elle ce qu'il a fait pour Saint-Marc de Venise et la cathédrale de Bourges, et il y eût bien dépensé jusqu'au dernier adjectif son inépuisable vocabulaire; il serait impossible à autre que lui de faire passer dans l'imagination d'un lecteur l'effet de ces monceaux d'ornements, de devises, de chiffres, de fleurs, d'entrelacs qui se pressent, s'accumulent, se superposent de façon à transformer le chêne, cette matière si rebelle au ciseau, en une véritable dentelle de bois.

Il y a trois mausolées : celui de Marguerite de Bourbon, à droite, encastré dans la muraille;

celui de Philibert, isolé au milieu du chœur, et celui de Marguerite d'Autriche, adossé à l'un des piliers.

La statue de la princesse de Bourbon est d'une excellente touche funéraire ; elle est de marbre blanc, couchée sur une table de marbre noir, couronne en tête, les mains jointes et les pieds appuyés sur la levrette assortissante. Quatre génies l'environnent, soutenant des emblêmes et l'écusson de la maison de Savoie. La cavité qui sert de niche à ce tombeau est intérieurement hérissée d'une infinité d'efflorescences ciselées qui lui donnent l'aspect d'une géode cristallisée en aiguilles ; tout à l'entour, de petites statuettes de reines et de sybilles, modelées à la manière de Benvenuto Cellini, sont logées sur des socles-consoles ; en contre-bas de la table funèbre, de mignonnes petites pleureuses cachent sous leur capuchon quatre jolies figures inondées de larmes ; le succès de ce tour de force de tailleur d'*imaiges* est immense auprès de toutes les âmes sensibles et des militaires de la garnison.

Le tombeau de Philibert-le-Beau est sans contredit le joyau le plus précieux de ce magnifique écrin. Le prince, couvert de sa bonne armure et revêtu du manteau ducal, est étendu sur une dalle de marbre noir, la tête posée sur un coussin brodé ; son épée est à son côté, le collier de la

Toison-d'Or descend sur sa poitrine, son éperon à large molette retombe sur le flanc d'un lion docilement couché à ses pieds. Cette figure, chef-d'œuvre de Conrad Meyt, pourrait être signée des plus grands noms italiens de l'époque; c'est bien là le beau, brave et robuste duc Philibert, le fort chasseur et le preux chevalier; on ne saurait s'en faire une autre image. L'exécution est d'une énergie et d'une science anatomique à rappeler le divin Buonarotti. Rien n'est monotone, à notre avis, comme les statues horizontales dont on chargeait les tombeaux du XVIe siècle; outre qu'elles se ressemblent toutes, elles sont en général fort mal commodes à examiner; mais celle-ci a une si grande tournure, un air si vaillant et si déterminé, qu'elle attire malgré qu'on en ait. Tout autour du prince, des enfants d'une structure irréprochable, supportent, qui son casque, qui son sceptre, qui son gantelet, qui sa masse d'armes, et se lamentent à fendre le cœur. Sous la table de marbre, et dans une espèce de petite cathédrale d'albâtre qui lui sert de socle, on voit une autre figure du prince, avec la même attitude que la première, mais froide, décharnée et dans l'horrible nudité du cercueil. Le corps du souverain porté sur le pavois dans tout son attirail de guerre, superposé au cadavre de l'homme dénué des insignes et des vanités de sa puissance, est une de ces leçons que les artistes philosophes du moyen âge aimaient à donner aux grands.

Nous n'essaierons pas la description du piédestal de ce mausolée ; il n'est pas possible de pousser plus loin l'art de manipuler la matière ; nous renonçons à apprécier la somme de travail enfouie dans ce bloc de marbre de quelques pieds cubes. Signalons cependant les statuettes nichées dans les piliers de cette espèce de cloître ; elles sont campées avec une vigueur à les croire pétries par Pradier ou Vital Dubray.

Le mausolée de Marguerite d'Autriche surpasse encore en immensité tout ce que nous venons de parcourir. Ici pourtant il faut avouer que l'artiste a été trop loin; on n'admire plus, on est effrayé ; l'œil se promène à travers une incalculable profusion d'ornements sans trouver autre chose que la lassitude; mais s'il vient à se fixer sur une feuille de cette formidable végétation, s'il détaille les perfections de cet atome, s'il examine par quelle gigantesque synthèse ces infiniment petits parviennent à former un tout, la fatigue fait place à une admiration sans bornes pour les hommes extraordinaires qui après avoir créé une telle œuvre ont dédaigné de la signer.

Nous laisserons donc le travail des *folliagiers*, et nous ne parlerons que de celui des sculpteurs.

La princesse, couronne impériale en tête, les mains croisées sur la poitrine, repose sur un carreau de brocard; on s'arrête avec respect à contempler ce front pur et rayonnant d'intelligence, où s'élaborait la paix du monde; ce n'est point une beauté; la joue est trop ronde, le nez trop gros, la lèvre supérieure trop Autrichienne; mais l'ensemble est calme, doux et grand. Comme au tombeau de Philibert, pendant qu'elle dort sous son dais d'albâtre dans tout l'appareil de sa souveraineté et de sa gloire, son cadavre échevelé gît dans une sorte de caveau funèbre pratiqué sous le lit ducal. Les chroniques locales, trop silencieuses sur les noms des grands artistes de Brou, nous ont conservé ceux des auteurs de ces deux figures : ils se nommaient Amé Picard et Jean Rollin.

Il existait autrefois, dit-on, un quatrième tombeau, celui de Laurent Gorrevod, sorte de ministre qui régnait pour Marguerite d'Autriche sur son duché de Bresse et dirigeait les travaux de construction de l'église. Ce mausolée était en bronze : la révolution en a fait des canons.

Si nous faisions un livre sur Notre-Dame de Brou, nous n'en resterions pas là; mille autres détails mériteraient d'être décrits. Nous parlerions des deux oratoires de Marguerite, agencés avec tout le confortable du temps, pourvus de cheminées, et d'où, au moyen d'une baie biaise fort admirée des appareilleurs, la princesse aurait pu entendre et voir célébrer la messe sans quitter le coin de son feu ; nous livrerions à l'étonnement du lecteur les tours de force de la chapelle de la Vierge, qui vous surprennent même après les mausolées ; nous raconterions les stalles du jubé, moins splendides, mais plus originales peut-être encore que celles du chœur ; nous dirions même la fâcheuse impression qu'on éprouve quand, en parcourant les galeries supérieures, on découvre, cachés heureusement dans des coins sombres, deux ou trois hideux autels construits sans doute au temps de Mme de Maintenon et du père Le Tellier. Mais nous l'avons dit déjà, ceci n'est point un livre, et nous pensons avoir assez fait connaître la valeur de l'église de Brou pour qu'on admette l'opportunité de cette étude.

V.

Les églises du moyen âge, dont l'érection durait des siècles, sont pour la plupart un bizarre
assemblage de différents styles, une sorte de ba-
zar architectural où dix générations apportaient
chacune ses goûts, ses passions, ses talents spéciaux; les confréries de francs-maçons s'y suc-
cédaient; tout un monde d'artistes et d'événements passait entre la première et la dernière
pierre.

Il n'en fut pas ainsi de Notre-Dame de Brou;
construite pour ainsi dire d'un seul bloc avec
une incroyable rapidité, l'église de Marguerite
d'Autriche est de la base au faîte la conception
d'une seule pensée, le travail d'un même ciseau.
On dirait aussi que l'injure du temps, et celle
bien plus redoutable des hommes, se sont arrê-
tées devant elle; sauf quelques déchirures dans

la fine dentelle de sa toilette, outrage de quelque vandale ivre du XVIIIe siècle, et ravaudées tant bien que mal par le XIXe, elle nous est parvenue dans toute sa précieuse homogénéité; enfin, grâce à la jeunesse éternelle de son teint, elle a pu échapper jusqu'ici au pinceau sacrilége des badigeonneurs.

C'est que, on a dû le comprendre d'après ce qui précède, l'église de Brou n'est point, comme nos vieilles cathédrales gothiques, l'œuvre sacrée que la foi d'un peuple poursuivait lentement à travers les âges; qui s'élevait péniblement pierre à pierre, sou à sou; dont chaque pouce d'exhaussement rachetait une âme du purgatoire; où chaque coup de truelle gagnait une place en paradis. Ici un sentiment égoïste et profane, une passion terrestre a tout inspiré, une seule volonté a tout décidé, une seule bourse a tout payé.

Le 17 août 1506, Marguerite d'Autriche publia à Bourg une bulle de Jules II qui autorisait l'édification de l'église. Aussitôt, la princesse ouvrit à toute l'Europe un concours où elle convia les restes épars de la franc-maçonnerie; les débris des corporations accoururent au nombre de quatre cents ouvriers des divers corps d'état. Les historiens ne sont pas d'accord sur le nom de l'architecte en chef ou *maître de l'œuvre ;* certaines chroniques le font Bourguignon et l'appellent André Colomban ; M. Jules Baux, le savant archiviste de Bourg, qui possède les manuscrits les plus authentiques sur ce sujet, affirme qu'il était Flamand et qu'on doit le nommer Van-Boghen. Il ne faut pas attacher à cette question de prééminence l'importance qu'elle aurait aujourd'hui ; nous l'avons dit, dans cette foule d'ouvriers inconnus, chaque homme était un artiste à qui l'on donnait un bloc de matière, bois, pierre ou marbre, à transformer en chef-d'œuvre, et à qui on laissait la plus grande liberté d'invention ; l'architecte n'était, en réalité, qu'un chef ouvrier chargé de dessiner les masses, de tracer les épures, de distribuer les tâches et de coordonner les ouvrages partiels. Quelques noms de sculpteurs sont, grâce aux décomptes conservés aux archives de Bourg, parvenus jusqu'à nous ; mais, par un caprice de la fortune, qui s'avise quelquefois de rendre immortel un chevalier Bernini, les noms de Conrad Meyt, de Jean de Louhan, de Campitoglio, d'Aimé Carré, sont aussi oubliés que s'ils n'avaient jamais été prononcés.

Marguerite organisa elle-même les ateliers ; « elle établit, dit le Père Rousselet, une Cham-» bre du conseil dont Laurent Gorrevod fut le » président ; elle donna à Pierre Anchemant, na-» tif de Cuiseaux, en Bourgogne, l'inspection gé-» nérale et immédiate sur tous les ouvriers ; elle

» le chargea du soin de les faire travailler ; elle
» commit pour les payer tous les samedis de
» chaque semaine le Père Louis de Glerins, au-
» gustin de l'Observance de Lombardie. Ce reli-
» gieux recevait les sommes nécessaires de M. de
» Marnix, trésorier général de la princesse, par
» les soins du sieur Louis Vionnet, son trésorier
» particulier en Bresse, et rendait ses comptes
» tous les mois par-devant messieurs de la Cham-
» bre du conseil. »

La construction de Notre-Dame de Brou coûta,
d'après les comptes déposés aux archives de
Bourg, deux millions deux cent mille francs;
or, deux millions deux cents mille francs, à une
époque où les sculpteurs et les maîtres maçons
touchaient « quatre sols deux deniers par jour, »
où le *maître de l'œuvre* était payé huit sous « les
jours où il assistait au conseil, » feraient, au taux
actuel de la monnaie, une telle somme, que nous
devrions avoir honte de notre Sainte-Clotilde et
cacher notre Madeleine comme la plus pitoyable
lésinerie. On serait modeste en estimant à cinquante ou soixante millions ce qu'on dépenserait
aujourd'hui pour refaire Notre-Dame de Brou, si
on la laissait s'écrouler, en supposant qu'on pût
retrouver quatre cents ouvriers comme ceux qui
l'ont construite. Remarquez que presque tous les
matériaux se tiraient des domaines de la prin-

cesse : le marbre noir venait de Bourgogne, la pierre de taille du Bugey, les briques et tuiles se fabriquaient sur place ; le chêne, le sapin, les bois d'ornements et de charpente provenaient des forêts du voisinage : la seule main-d'œuvre a donc absorbé le prix d'une de nos petites villes modernes.

Nous n'insisterons pas sur cette période de vingt-cinq ans remplie par un travail monotone, mais ardent, incessant, où les derniers ouvriers du moyen âge semblaient élever leur propre tombeau. Nous prenons l'église terminée. Marguerite d'Autriche était morte en 1529, sans avoir vu son œuvre de prédilection ; des autorités respectables affirment qu'elle se priva de ce bonheur volontairement et par esprit de mortification ; nous nous révoltons contre une pareille hypothèse ; nous accordons que Marguerite fût aussi pieuse catholique que grande artiste ; mais cette piété était éclairée, et la pénitence qu'elle se serait imposée en s'interdisant une jouissance aussi légitime, est absolument incompatible avec son caractère élevé et son intelligence exceptionnelle. Il est plus probable qu'elle ne vit pas son église terminée, parce qu'elle mourut en route tandis qu'elle se rendait à Brou. On trouva dans son testament des dispositions pleines de prudence pour que sa mort n'interrompît point les

travaux ; elle avait eu soin d'ouvrir à son fondé
de pouvoirs Gorrevod un crédit illimité sur ses
domaines, et Notre-Dame de Brou s'acheva sans
encombre. Marguerite d'Autriche et Philibert-le-
Beau y furent inhumés en 1532.

A partir de ce moment, Notre-Dame de Brou
fut abandonnée à une série de vicissitudes dont
nous ne pouvons nous dispenser de dire quelques mots.

De 1532 à 1659, elle demeura aux soins des
Augustins Lombards, pour lesquels Marguerite
avait élevé un monastère. Ces bons religieux,
confortablement abrités dans le cloître, ne s'in-
quiétaient que médiocrement de l'église ; les
charpentes se pourrirent, la couverture creva ;
il finit par pleuvoir dedans comme dehors. Un
jour le roi Henri II prit fantaisie d'arracher les
lames de plomb de la toiture ; de ce coup, l'é-
glise de Brou était condamnée. Le Père Théo-
dore de Sainte-Françoise, Augustin réformé, fort
amoureux des choses d'art, se trouvant en tour-
née chez les religieux de Brou, s'apitoya sur son
sort ; il conçut le dessein d'enlever à ces ignorants la garde d'un si précieux dépôt ; il fit tant,
que le monastère et l'église passèrent en 1659
des mains des Lombards à celles des Réformés.
Le Père Rousselet, Augustin réformé, auteur du
Guide descriptif dans l'église de Brou, explique

avec une complaisance charmante tous les travaux qui y furent exécutés par son ordre; nous renvoyons à son ouvrage, où nous avons puisé plusieurs des principaux faits de ce chapitre.

La révolution survint; les Augustins furent chassés, et l'église resta sans gardiens. Le département de l'Ain et la ville de Bourg s'émurent de cet abandon et s'effrayèrent de la voir désignée, par son double caractère religieux et aristocratique, aux vengeances populaires. Ils sollicitèrent un décret de l'Assemblée constituante, qui classa Notre-Dame de Brou parmi les monuments historiques, et la mit sous la sauvegarde de ce qui restait encore de lois à ce moment; ce qui n'empêcha pas quelques sauvages du pays de dégrader les sculptures de la façade, sous prétexte d'effacer des armoiries qui ne s'y trouvaient pas. La protection était aussi fragile que le protégé; tous les gens de cœur tremblèrent pour les mausolées, singulièrement compromis par les cendres illustres qu'ils recouvraient; fort heureusement la République décida de concentrer en Bresse un corps de l'armée des Alpes; cette armée eut l'idée à jamais mémorable de loger son fourrage dans l'église de Brou; on entassa jusqu'aux voûtes les bottes de foin en les adossant au jubé; le chœur fut ainsi complétement isolé. Lorsque, vers 1797, l'armée eut été retirée et le foin mangé, l'orage avait cessé, Brou était sauvé.

Nous avons dit plus haut quel parti la Révolution avait tiré du mausolée en bronze de Laurent Gorrevod ; on nous a rapporté cet autre incident pour nous expliquer l'absence des deux génies qui surmontaient le tombeau de la princesse de Bourbon : un représentant du peuple en mission à Bourg était allé visiter l'église de Brou ; il remarqua sur le mausolée de Marguerite de Bourbon un groupe de deux enfants appuyés sur un écusson, celui de la duchesse apparemment ; le député, plus patriote qu'artiste, imagina que rien ne siérait mieux à ce marbre que d'être placé dans la salle des séances de l'Assemblée ; on y graverait la Constitution nouvelle, et on en décorerait les abords de la tribune, où il ferait bien meilleure figure que dans cette église inconnue et délabrée. Ainsi fut fait ; mais on procéda à l'emballage avec un tel soin, que lorsqu'on ouvrit la caisse à Paris, on n'en retira que des morceaux.

En 1814, Notre-Dame de Brou fut rendue au culte ; le comte d'Artois présida la cérémonie de restauration.

En 1823, le Conseil général du département de l'Ain céda l'église et le monastère au diocèse de Belley ; le Grand Séminaire y fut établi et n'en est pas sorti depuis.

Enfin, le 2 décembre 1856, une cérémonie imposante eut lieu. On avait depuis longtemps conçu des inquiétudes au sujet de la conservation des corps de Marguerite d'Autriche et de Philibert-le-Beau, déposés dans les cryptes; une commission avait été nommée pour examiner l'état de ces corps et aviser aux mesures nécessaires. Cette commission s'était réunie à Brou le 26 septembre; on avait descellé en sa présence la pierre d'entrée des caveaux, et elle s'était approchée de la couche où les deux époux dormaient côte à côte depuis trois cent trente ans. Ç'avait été un lugubre spectacle; les ossements de celle qui fut la grande Marguerite gisaient à terre pêle-mêle avec les fragments d'un cercueil pourri! Un anatomiste avait dû ramasser tout cela, trier cette poussière et reconstituer le squelette. Puis, dans une fête à la fois funèbre et triomphale, sous les yeux de l'éminent cardinal de Bordeaux, que sa profonde science archéologique plus encore que sa haute dignité conviait à cette cérémonie, en présence des autorités locales et d'un envoyé du roi de Sardaigne, aux sons des musiques religieuses, au bruissement d'une assemblée frémissante d'émotion, la tombe s'était refermée sur ces débris mortels que la piété des hommes disputait à l'économie immuable de la nature.

Quand tout fut en ordre dans le caveau ducal, on scella de nouveau la pierre ; les deux époux, restés amants jusque dans la mort, reprirent leur tête à tête éternel, et le silence dont ils vivaient depuis trois siècles redescendit sur eux.

Alors les chants s'éteignirent, l'orgue se tut, la foule s'écoula, et le monument de Brou redevint solitaire.

VI

Ici se terminerait ce travail, si nous ne nous
étions aperçu, en relisant ce qui précède, que,
grâce à notre enthousiasme pour le monument
de Brou, nous semblons en avoir fait notre type.
Si l'on a deviné qu'en fait d'art religieux nous
sommes essentiellement *gothique*, on a deviné
juste; mais il y a dans l'architecture ogivale des
nuances parmi lesquelles il faut choisir, et la
nuance *flamboyante* n'est pas la nôtre. Nous
n'avons pu taire notre admiration pour l'œuvre
dont l'art ogival s'est fait un inimitable mausolée; et pourtant, si l'origine de Notre-Dame
de Brou nous a touché profondément, si le talent déployé par les artistes du XVIe siècle nous
a paru tenir du prodige, nous n'en regardons
pas moins le caractère de cette église comme
très-éloigné du véritable style religieux. Le

roman de Philibert et de Marguerite s'encadre
merveilleusement dans cette architecture sentimentale, dans cette ornementation voluptueuse;
mais on y cherche vainement le calme de l'esprit, l'isolement de soi-même, le silence de
l'imagination, la sobriété dont on a besoin dans
une église. Et d'ailleurs, ceci n'est point une
église; c'en est la forme tout au plus; dans sa
piété sincère et dans les idées de son temps,
Marguerite n'eût pas su trouver une autre figure
à donner au cher et douloureux souvenir qu'elle
voulait perpétuer; mais la passion humaine est
là, vivante, impérissable; on la sent, on la
touche; elle est dans la masse, dans le détail,
dans l'inflexion des courbes, dans le choix des
énigmes, dans les marguerites d'albâtre qui fleu-
rissent les mausolées, dans les P M qui couvrent
les murs; elle imprègne le marbre et la pierre
depuis les dalles jusqu'aux voûtes; elle est le
seul architecte de Notre-Dame de Brou.

Notre-Dame de Brou a donc pu se permettre
toutes les excentricités de forme et toutes les
exagérations de beauté, sans que notre admiration s'en soit préoccupée; elle en avait le droit,
elle est une exception. Mais une véritable église
a d'autres devoirs, rigoureux et inévitables, que
l'artiste ne saurait négliger sans risque d'égarer
le sens de son œuvre : c'est à l'oubli de ces de-

voirs que sont dues les vicissitudes sans terme de l'architecture chrétienne. Nous allons, à l'appui de cette hypothèse, entrer dans quelques généralités qui expliqueront notre pensée.

Aussitôt que l'homme, ébauché à peine, sut mettre une pierre sur l'autre, il éleva un temple. Ce fut le premier langage qu'il employa avec la Divinité. Si depuis soixante siècles ce langage a souvent varié de dialecte, il n'a jamais changé d'objet; le Parthénon et le dolmen de Karnac, le temple de Siva et Saint-Pierre de Rome, sont, dans des idiomes différents, la traduction d'une même idée, la satisfaction d'un même besoin.

L'architecture eut donc de tout temps un magnifique rôle à remplir : celui de concevoir pour chaque peuple, chaque climat, chaque croyance, des édifices en harmonie avec eux, et qui servissent de trait-d'union entre la créature et son créateur. Voyons comment elle s'en est acquittée, et par l'effet de quelles erreurs notre siècle en est arrivé à entendre prêcher la loi du Christ dans un temple de Minerve.

L'histoire générale de l'humanité peut, au point de vue théocratique, se diviser en deux grandes époques : chrétienne, et païenne. Si l'on veut bien analyser les architectures des différents peuples, en les dégageant des variations de caractère et des hérésies de style, on reconnaîtra qu'elles sont au nombre de deux : l'architecture païenne ou *grecque* et l'architecture chrétienne ou *ogivale*.

L'architecture païenne, conçue aux temps fabuleux, est née à Athènes vers la 85e olympiade, Périclès étant dictateur et Ictinus bâtissant le Parthénon.

Un temple grec était ordinairement une petite construction rectangulaire et massive; à l'intérieur, des prêtres se livraient aux mystères et sacrifiaient des victimes; à l'extérieur, un portique et une galerie soutenus par des colonnades abritaient les grands personnages et les chefs de l'État; tout alentour, une place plus ou moins spacieuse recevait la populace qui assistait *sub jove* aux cérémonies. Tel était le temple antique : un autel, un sanctuaire, la statue du dieu, un caveau pour le trésor public; c'était tout. Et c'était bien; car le peuple qui venait adorer Jupiter ou Vénus n'avait nullement besoin que les artifices de l'art de construire enflammassent son imagination; pourvu que Phidias eût taillé l'image de Vénus ou de Jupiter, que Praxitèle eût fouillé le fronton et modelé les métopes du temple, que les colonnes fussent de ce beau marbre de Paros que ving-cinq siècles de soleil n'ont pu que dorer plus solidement encore, que le brouillard, la pluie ou la neige ne le dérangcassent point dans ses dévotions, le peuple avait ce qu'il voulait, et l'art ne lui devait rien de plus. Or, les Grecs de Périclès possédaient tout cela, et les Grecs d'aujourd'hui l'auraient encore s'il leur prenait fantaisie d'adorer Jupiter et si ni Phidias, ni Praxitèle, ni Ictinus n'étaient morts. Tout était donc pour le mieux dans l'architecture de la 85e olympiade.

Cinq cents ans plus tard, l'art grec était devenu l'art romain; la simplicité grandiose des Propylées avait fait place à l'orgueilleuse opulence du Panthéon; le dorique s'était fait corinthien, et le corinthien composite. Le Jupiter olympien fut trouvé trop mal logé pour être le Jupiter de Lucullus et de Crassus; Rome construisit pour ses dieux des palais d'une incroyable magnificence; mais la pureté des ordres grecs, étouffée par les excès d'une ornementation sans frein, disparut peu à peu, l'école romaine tomba de corruption en corruption au plus bas du ridicule et du mauvais goût, et l'architecture eut aussi son Bas-Empire.

Cependant, une nouvelle croyance était née, qui voulait un culte et des monuments nouveaux. Son premier temple fut les catacombes. C'était une sublime architecture, celle de ces cathédrales souterraines, aux voûtes immenses et perdues dans l'ombre, aux nefs infinies pleine de silence et de terreur, et dont chaque porte ouvrait sur le martyre. Aussi fut-elle le prototype du vrai style religieux et le berceau de l'art ogival.

Lorsque le Christianisme, fortifié par sept persécutions, put sortir des cavernes et prendre sa place au soleil, il dut songer à s'abriter; ses mystères publiquement exercés et la prédication des idées nouvelles exigeaient, non plus le sanctuaire exigu des païens, mais de vastes enceintes où l'on pût réunir le plus grand nombre possible de fidèles. Il y avait alors dans les principales villes de l'Empire romain une espèce d'édifice spacieux, à toit plat et abondamment éclairé, la *basilique*, où les gens de commerce s'assemblaient pour traiter des affaires d'argent, quelque chose comme nos Bourses de fonds publics; les chrétiens se casèrent dans les basiliques.

En Italie, sauf la substitution presque immédiate des voûtes aux toitures plates et aux charpentes en bois, la basilique parvint, en se modifiant lentement, jusqu'à Giotto et Donatello, les maîtres de Brunelleschi, qui commencèrent sa transformation. Mais dans les pays du Nord, le style roman, imitation manifeste des catacombes, s'implanta dès que le Christianisme se put répandre librement; les chapelles cryptiques qu'on retrouve à peu près dans toutes les églises, antérieures au XIII° siècle, ont été évidemment construites en mémoire des jours d'épreuve et de persécution. Nous avons dit comment le style ogival, autre inspiration plus complexe mais aussi incontestable des catacombes, expulsa le roman ; nous n'y revenons pas.

Jusqu'ici, rien que de logique dans la marche de l'architecture : païenne à l'époque païenne, chrétienne pendant l'ère chrétienne. Mais vers la fin du moyen âge, un de ces prodigieux génies qui surgissent çà et là dans l'histoire quand il s'agit d'illustrer ou d'ébranler un siècle, Michel-Ange parut, et tout fut bouleversé. Le jour où cet autre Prométhée déroba le feu du ciel pour animer la masse formidable qui s'est nommée Saint-Pierre de Rome, et pour faire un chef-d'œuvre de cette énormité, il assassina l'architecture religieuse.

En effet, lorsqu'on vit ce que ce géant avait su faire avec la coupole du Panthéon et les voûtes du temple de la Paix, on ne s'arrêta pas à rechercher si la splendeur et l'immensité de Saint-Pierre venaient du caractère propre du monument ou de la main puissante qui l'avait pétri ; on s'écria que dans les dômes, les voûtes et les colonnades seuls était le vrai style religieux ; on relégua les merveilles de l'art ogival avec les vieilles barbaries du moyen âge, et l'on entreprit cette plaisante mais désastreuse mascarade architecturale qui, depuis quatre siècles déjà, promène par le monde les défroques grecques et romaines en les proclamant insolemment le dernier terme du beau.

La chute du style gothique est un des plus déplorables cataclysmes que puissent enregistrer les annales de l'art, moins encore peut-être par ce qui s'est perdu que par ce qui est survenu. L'œuvre de Michel-Ange et de Jules II, œuvre unique, incomparable, ouvrit la route funeste où l'architecture s'est égarée, où elle se traîne encore aujourd'hui; et si orgueilleux que soit le monde entier d'un édifice qui lui appartient à tant de titres, on se demande, en voyant quelle influence a été la sienne sur la construction des églises modernes, s'il ne vaudrait pas mieux que Saint-Pierre de Rome n'eût point existé. Jamais, en effet, conception originale n'eut tant et de si serviles imitateurs; Saint-Pierre à peine terminé, une nuée d'artistes parasites s'abattit sur le colosse, et le pillage s'organisa; les architectes de tous pays, Français surtout, ignorants des sciences profondes que la franc-maçonnerie avait ensevelies avec elle, s'emparèrent de ce modèle facile à copier et s'empressèrent de se l'assimiler; chacun lui emprunta selon ses besoins, qui sa façade, qui sa coupole, qui tel ou tel détail, et en habilla ses chefs-d'œuvre. On puisa sans vergogne dans ce magasin sans fond, et l'on dévalisa avec si peu de discernement, que beaucoup s'en allèrent, croyant emporter un morceau du saint Pierre de Michel-Ange, qui n'avaient volé qu'un lambeau du chevalier Bernin ou une sottise de Borromini. Ainsi s'est faite l'architecture religieuse de François Ier à 1789; ainsi se sont élevés la Sorbonne, le Val-de-Grâce, l'église des Invalides, Saint-Roch, Saint-Paul et mille autres plagiats disséminés par toute l'Europe.

Et remarquez-le, on ne s'est point contenté de prendre à Saint-Pierre ses masses, ses proportions, sa coupole, sa colonnade, ses voûtes, ses pendentifs, son système de construction, et de rogner tout cela à la taille des idées et des ressources du jour, on a aussi recueilli religieusement, pour l'enlaidir encore, la hideuse ornementation dont les successeurs de Michel-Ange ont déshonoré son œuvre; on a sculpté sur les façades de grotesques soleils avec une figure de poupard au milieu et des rayons pointus alentour; des anges potelés faits comme des amours ; des urnes enflammées, des couronnes d'épines, des échelles, des serviettes; dans le sanctuaire, on a prodigué la colonne torse, le fronton brisé, toutes sortes de choses estropiées et difformes, ressor-

tant moins de la science décorative que de l'or-
thopédie ; puis on a imaginé de faire de la fan-
tasmagorie : à Saint-Roch et ailleurs on a fourré
dans des coins sombres des vierges blanches
éclairées par un rayon bleu, ce qui est assurément du dernier galant, mais du plus détestable
caractère religieux; enfin on a poussé l'irrévé-
rence, nous allions dire l'idolâtrie, jusqu'à pla-
cer au-dessus des autels, ou bien un Dieu-le-
Père enfoui dans un nuage de plâtre qui dé-
borde comme un verre de champagne, ou bien,
au milieu d'un arsenal de rayons menaçants en
carton doré, un triangle symbolique de la trinité,
et au centre de ce triangle un œil ouvert et co-
lorié qui vous darde des regards de cyclope.
Nous n'en finirions jamais si nous voulions nom-
brer les puérilités avec lesquelles les plagiaires
de Michel-Ange ont cru embellir leurs miséra-
bles monuments; tout le monde en a souri, et il
n'est personne qui ne déplore la présence dans
le lieu saint de semblables caricatures. Mais comment cette fâcheuse architecture a-t-elle pu pré-
valoir contre l'art ogival? C'est ce que chacun se
demande avec surprise et ce qui nous semble
facile à expliquer en interrogeant l'histoire.

L'art ogival est tombé avec la franc-maçonnerie. Les francs-maçons, absorbés par les événements politiques et religieux, ont disparu gardant

les secrets de leur science accumulés, tradition par tradition, depuis des siècles. Le jour où la chose appelée Renaissance s'est manifestée, elle a eu pour patrons et pour interprètes d'abord des grands hommes, Bramante, Raphaël, Michel-Ange ; puis des hommes médiocres, leurs disciples; puis des ignorants, incapables d'autre chose que de copier ceux qui les avaient précédés. Or, les vieilleries grecques et romaines étaient certainement plus commodes à imiter que les édifices du moyen âge, pleins de problèmes redoutables, et dont l'appareil était souvent un impénétrable mystère; on copia donc avec une ardeur sans pareille, et si quelques-uns s'avisèrent d'y mettre du leur, ce ne fut pas au profit de l'art. Philibert Delorme, un habile homme pourtant, inaugura le système en collant sur la façade de Saint-Nizier, à Lyon, son ignoble portail en cul de four; à partir de ce sacrilége, la corruption s'en donna à cœur joie; le brillant siècle de Louis XIV n'interrompit pas même un instant la décadence, dont le dernier mot, la suprême expression, fut le genre *rocaille* ou *rococo ;* on put voir alors la démence de l'architecture arrivée à ce point de construire la maison de Dieu dans le même style que la chambre à coucher de la Guimard ou de la Camargo.

Nous devons déclarer cependant que toutes les

imprécations qui précèdent ne s'adressent à la Renaissance que pour le mal qu'elle a fait à l'art religieux. Nous admirons comme tout le monde le magnifique mouvement qui se produisit à cette époque dans les sciences, les lettres, les arts plastiques et même l'architecture civile. Notre attachement au style ogival n'est pas exclusif : autant nous apprécions son caractère religieux, autant nous le repousserions s'il cherchait à pénétrer dans les édifices civils. A chacun son rôle ; mais si le style ogival a, de l'aveu de tous, bien rempli le sien, pourquoi le lui avoir retiré? ou pourquoi le lui ayant indûment retiré, ne le lui avoir jamais rendu?

La Révolution trouva l'architecture religieuse dans la fange du XVIIIe siècle ; mais elle s'en préoccupa peu. Sa religion à elle était celle de Caton et de Brutus ; elle fit non des églises, mais des temples ; elle eut donc raison en faisant du Grec. L'Empire hérita des goûts artistiques de la République ; les temples de César furent ceux de Brutus. Il y eut un redoublement de frontons et de colonnades ; le Grec, qui jusque-là s'était concentré dans les monuments, fit une désastreuse irruption dans les habitations particulières et jusque dans les meubles. Le bon goût se voila la face et répandit des larmes ; il n'est pas encore, que nous sachions, entièrement consolé.

Depuis 1815, il n'y a plus d'architecture. Ou plutôt il y en a trop; et pour ne parler que des monuments religieux, les gens qui s'occupent de l'art assistent depuis trente-cinq ans à l'édifiant spectacle que voici : Une église est à construire; vous pensez que l'architecte va visiter nos principaux chefs-d'œuvre, les comparer entre eux, s'inspirer de ceux qui présentent le caractère religieux le plus vrai et le plus sérieux? Vraiment, l'architecte a bien un autre soin en tête; il faut qu'il fasse autrement que son voisin, voilà la grande affaire; son voisin est-il grec? il sera Pompéien; est-il rococo? il sera Jésuite. Mais il copiera des frontons, des pilastres, des colonnades, et surtout il se gardera du gothique comme de la peste.

Or, car il faut conclure, nous concluons à ce qui suit :

Puisque nous n'avons pas d'architecture religieuse qui nous soit propre, copions donc, mais copions sainement; puisque nous en sommes réduits à emprunter aux siècles passés, demandons-leur ce qu'ils ont de beau et laissons-leur ce qu'ils ont d'imparfait. Eh bien! y a-t-il une mine plus riche, plus variée, plus complaisante que le style ogival? Les modèles ne sont-ils pas d'une abondance inouïe? Nos connaissances mathématiques ne nous donnent-elles pas la clé des secrets de construction inaccessibles aux ineptes disciples de la Renaissance? Enfin, le plus classique des académiciens ne conviendra-t-il pas avec nous qu'on est plus chrétien sous les voûtes de Notre-Dame de Paris qu'au milieu des dorures de la Madeleine? On nous opposera peut-être que si toutes les églises se ressemblaient, la piété deviendrait d'un exercice très-monotone ; mais les églises ne sont pas ordinairement faites pour divertir les gens, et nous ne sachons pas que la Sainte Chapelle, pour être à cinq cents pas de la métropole, en perde un atome de son mérite. Dira-t-on que les édifices gothiques sont trop dispendieux? Mais avec les ressources industrielles que nous possédons, avec les combles en fer, les échafauds perfectionnés, les machines à extraire, scier et tailler la pierre, les transports de matériaux par chemins de fer, le travail des *maçons* du moyen âge n'est-il pas singulièrement simplifié? L'industrie et la science connaissent-elles aujourd'hui des obstacles?, et n'a-t-il pas réalisé le rêve d'Archimède, cet ingénieur que vous connaissez tous, et qui, l'autre jour, soulevait la cathédrale de Bayeux pour en refaire les fondements?

Ainsi donc, le travail immense dépensé dans nos anciennes églises n'est point un argument; ce serait nier le progrès que de s'en armer. Le plus fort de l'ouvrage était dans les sculptures innombrables dont les *imaigiers* surchargeaient les façades et les murs ; mais cette décoration n'est nullement indispensable ; bien au contraire, elle enlève souvent à l'édifice l'aspect sévère qu'il doit toujours conserver. Si dans quelques monuments spéciaux, comme à Notre-Dame de Brou, on l'a poussée jusqu'à l'excès, c'est sûrement aux dépens de la majesté de l'ensemble ; il faut des sculptures assurément, mais avec mesure. On prétendra encore que les cathédrales du XIVe siècle doivent en grande partie leur effet à la couleur vénérable que le temps leur a donnée ; mais l'effet qui manquera à celles que vous bâtirez, vos neveux le trouveront.

Oui sans doute, en ce qui concerne l'art religieux, nous n'admettons que le gothique ; cependant, nous ne croyons pas qu'une église ogivale doive absolument être vieille, ridée, moussue et décrépite. Nous allons plus loin, nous sommes convaincu que les cathédrales gothiques sont, aussi bien que la plus coquette chapelle, aptes à recevoir tout le confortable dont on ne sait plus se passer aujourd'hui. On peut être très-ogival d'opinion, excellent chrétien, et n'aimer ni le froid aux pieds ni les vents coulis. Nous acceptons donc très-volontiers les calorifères qui chauffent et les portes qui ferment ;

nous pensons, en un mot, que le style gothique s'accommoderait sans nulle résistance avec les mœurs et les besoins de notre époque.

Enfin, nous sommes très persuadé que l'ornementation accessoire, celle des portes, chaires, orgues, autels et autres, se calquerait facilement sur l'ornementation générale, sans que l'éclat des cérémonies en souffrît le moins du monde. Que l'on se reporte par la pensée aux jours où nos vieilles basiliques, maintenant écornées par le temps, déflorées par le badigeon, mutilées par les embellisseurs, étaient encore dans toute leur virginité; qu'on se les figure avec leurs colonnilles polychrômes, leurs peintures murales, leurs innombrables lampes votives, leurs riches tentures, leurs châsses d'or et de pierreries, tout ce mobilier étincelant que les guerres et les pillages ont dissipé, et qu'on dise si le luxe de notre culte moderne serait bien venu à faire le difficile!

Nous répétons donc que le style ogival a été injustement et maladroitement abandonné; qu'à tort on le prétend impossible aujourd'hui, et que tout architecte qui va chercher ailleurs des inspirations pour un édifice religieux, se trompe évidemment de chemin. Depuis quelques années, il faut le dire, une réaction, faible encore mais pleine de promesses, commence à se manifester en faveur des idées trop incomplétement développées dons cette étude. L'église Sainte-Clotilde, toute défectueuse qu'elle soit, a le mérite d'avoir donné le mouvement où la nouvelle cathédrale de Marseille semble vouloir la suivre. Nous faisons des vœux bien sincères pour que ces tentatives de résurrection du bon goût trouvent des imitateurs; il y a eu un courage réel à les faire; il y a pour celui qui écrit ces lignes un véritable plaisir à y applaudir.

FIN.

www.ingramcontent.com/pod-product-compliance
Ingram Content Group UK Ltd.
Pitfield, Milton Keynes, MK11 3LW, UK
UKHW020942140726
13695UKWH00003B/1158